dtv

dtv

portrait

Herausgegeben von Martin Sulzer-Reichel

Viktor Böll, geb. 1948, studierte Germanistik und Soziologie. Seit 1979 ist er Leiter des Heinrich-Böll-Archivs der Stadtbibliothek Köln. Herausgeber und Verfasser zahlreicher Publikationen zu Leben und Werk Heinrich Bölls. Herausgeber des ›Heinrich Böll Lesebuchs‹, dtv 1982 (2002).

Jochen Schubert, geb. 1957, studierte Germanistik und Philosophie in Bonn. Seit 1995 ist er Mitarbeiter der Heinrich-Böll-Stiftung Berlin. 2001 gab er Heinrich Bölls ›Briefe aus dem Krieg 1939–1945‹ heraus. Er ist einer der Herausgeber der Kölner Ausgabe der Werke Heinrich Bölls.

Heinrich Böll

von Viktor Böll und Jochen Schubert

Deutscher Taschenbuch Verlag

Weitere in der Reihe **dtv portrait** erschienene Titel
am Ende des Bandes

Originalausgabe

Oktober 2002

Umschlagkonzept: Balk & Brumshagen
Umschlagfoto: © akg-images
Satz und Layout: Agents – Producers – Editors, Overath
Druck und Bindung: APPL, Wemding
Gedruckt auf säurefreiem, chlorfrei gebleichtem Papier
Printed in Germany ISBN 3-423-31063-4

Inhalt

Kaiserreich – Republik – Drittes Reich (1917–1939) 7

»Als der Krieg ausbrach« (1939–1945) 32

»Mein eigentliches Gebiet ...« (1945–1951) 45

Die ersten Erfolge (1951–1955) 75

Die widerstandlose Gesellschaft (1956–1963) 88

Der »Notstand« der Demokratie (1963–1969) 106

Sprache, Gewalt und Politik (1969–1974) 120

Der Deutsche Herbst (1974–1979) 156

Die letzten Lebensjahre (1980–1985) 169

Zeittafel 182
Bibliografie 186
Register 188
Bildnachweis 192

1 Heinrich Böll Mitte der fünfziger Jahre

Kaiserreich – Republik – Drittes Reich

Heinrich Böll wurde am 21. Dezember 1917 in der südlichen Kölner Neustadt geboren. Noch herrschte Krieg, noch bestand das Kaiserreich, ein zweiter »Steckrübenwinter«, der dem Hungerwinter 1916/1917 nicht nachstehen würde, zeichnete sich ab. Heinrich Bölls Vater Viktor wurde als Landsturmmann zu Wacheinsätzen in Köln herangezogen, der Waffenstillstand zwischen dem Deutschen Reich und Russland war gerade abgeschlossen worden (15. Dezember), die Aufnahme von Friedensverhandlungen standen einen Tag vor ihrem Beginn und die Reichswehrgeneräle Ludendorff und Hindenburg traten – wie die Morgenausgabe des ›Stadt-Anzeigers zur Kölnischen Zeitung‹ an diesem Tag berichtete – vor die Presse, an die Hindenburg die »folgende Bitte« richtete: »Reden wir nicht zu viel vom Frieden, nur der Sieg führt zu ihm.« – All dies wird in späteren Rückblicken Bölls Erwähnung finden.

Die Wohnung in der Kölner Neustadt, Teutoburger Straße 26, hatte die Familie erst kurz zuvor bezogen. Für Viktor Böll allerdings war es die inzwischen neunte Adresse, nachdem er 1896 von Essen übergesiedelt war.

Hierhin, nach Köln, zieht es den 1870 geborenen Bildhauer- und Tischlermeister wohl hauptsächlich Katharina Gießens wegen, einer Nichte des mit Viktor Böll befreundeten Essener Kaplans Engelbert Gießen, die er bei gelegentlichen Besuchen der Kölner Schreinerfamilie in Essen

Ich bin also geboren als Untertan Wilhelms II., das darf man nicht vergessen. Und ein Jahr habe ich als dieser Untertan gelebt.

›Schreiben als Zeitgenossenschaft‹ (1982)

2 Das Haus Teutoburger Straße 26 um 1960

kennen gelernt hatte und die zu ehelichen seiner festen Absicht entsprach. Dass ihm die »rheinische Metropole« darüber hinaus bessere Arbeitsmöglichkeiten bieten könne, mag für den Entschluss eine nicht unwichtige Rolle gespielt und den entsprechenden Schritt mit veranlasst haben. Bevor jedoch der gemeinsame Hausstand des dann am 27. April 1897 in Köln geschlossenen Ehebundes gegründet, also die gemeinsame Wohnung bezogen werden kann, findet Viktor Böll in dem von Adolf Kolping 1852 in der Kölner Breitestraße 102–110 eröffneten katholischen Ledigenheim seine erste Unterkunft. Die erste »feste« Adresse wird dann nach der Hochzeit die Telegraphenstraße 5. Geboren werden hier die drei Kinder Engelbert (1898), der allerdings nach nur wenigen Monaten stirbt, Mechthild (1899) – auch sie stirbt noch, bevor sie ihr neuntes Lebensjahr vollenden kann – und Grete (1900). Als ein Jahr nach der Geburt Gretes Katharina Böll stirbt, gibt Viktor Böll die erste gemeinsame Wohnung auf und zieht 1902 mit den Kindern in den Mauritiussteinweg 38, 1903 in die Waisenhausgasse und 1905 in die

Mein Vater liebte Umzüge und zog sogar gern innerhalb der Wohnung um, das Schlafzimmer der Eltern wurde also woanders hin verlegt und das andere Zimmer dann dahin und das andere wieder dorthin, es war eine dauernde Unruhe. Und ein Veränderungswunsch. Wenn man das als Struktur sieht, ist das vielleicht das Vorerlebnis zu dem dauernden Unterwegssein im Krieg und nach dem Krieg, das Wartesaalhafte, nicht Endgültige. Ja, es muß wohl auch mit die Unruhe in meinem Vater gewesen sein.

Gespräch mit Christian Linder, ›Drei Tage im März‹ (1975)

Vondelstraße 28. Ein Jahr später, am 25. November 1906, schließt Viktor Böll seine zweite Ehe. Er heiratet Maria Herrmanns, die bis zum Tod Katharina Bölls bei der Familie als Wirtschafterin gelebt, sich nach dem Tod Katharinas aber, wie es die einzuhaltende Schicklichkeit forderte, aus dem Haushalt zurückgezogen hatte. Viktor Böll und Maria Herrmanns heiraten am 25. November 1906. Bevor das erste Kind dieser Verbindung, Mechthild, 1907 zur Welt kommt, wird eine Wohnung in der Teutoburger Straße 32 bezogen, in der 1909 auch noch die zweite Tochter, Gertrud, geboren wird. Als sich dann mit Alois 1911 weiterer Nachwuchs ankündigt, zieht die für die Wohnung zu groß gewordene Familie 1912 in die Hardtstraße 27. 1914, ein Jahr nach der Geburt des vierten Kindes, Alfred, folgt die Petersbergstraße 61, die letzte »Station« vor dem Umzug 1916/1917, der die Familie in die Teutoburger Straße zurückführt.

Für das Auskommen der sich stetig vergrößernden Familie sorgt die väterliche Schreinerei, die 1886 am Wormser Platz 13 eröffnet und als »Atelier für kirchliche Kunst« von Viktor Böll und Wilhelm Polls, den Böll in Kolpings Ledigenheim kennen gelernt hatte, betrieben wird.

Die Firma Böll & Polls hatte sich über die Jahre zu einem durchaus florierenden Kleinbetrieb entwickelt. Bereits vor der Jahrhundertwende, 1898, konnten die Partner daher an die Errichtung je eines Mietshauses denken: die Gebäude Nr. 28 und Nr. 30 in der Vondelstraße, in deren gemeinsamem Hinterhaus der nun als »Werkstatt für Kirchenmöbel« firmierende Betrieb ab 1902 geführt wird. Die Herstellung von Beichtstühlen, Orgelbrüstungen, Or-

3 Visitenkarte der Firma »Böll & Polls«

gelgehäusen, Kirchenbänken und Altären in vielen Kölner Kirchen – u. a. in St. Agnes, St. Alban, St. Aposteln, St. Cäcilien, St. Maria Lyskirchen, Maria-Hilf und St. Severin – hielt den wirtschaftlichen Erfolg bis 1918/1919 aufrecht. Erst 1920, als die Auftragslage für die Versorgung von zwei Familien, wenn auch nicht schlecht, so doch schwieriger wurde, trennten sich die Partner gütlich und im Einvernehmen. Viktor Böll übernimmt die Werkstatt in der Vondelstraße und führt sie unter dem Namen »Kunsttischlerei, Werkstätten für kirchliche Kunst« erfolgreich weiter. 1922 wird ein Einfamilienhaus bezogen, das im damals noch ländlichen Vorort Raderberg von der »Baugenossenschaft ›Siedlung Am Rosengarten‹« zusammen mit sechs weiteren Häusern erbaut wird. Für die Baugenossenschaft, die im Grunde der Familieninitiative einiger Bölls entsprang – ihr Vorsitzender, Theodor Böll, war ein Halbbruder Viktor Bölls, ebenso ihr Architekt, Alois Böll –, führte Viktor Böll die anfallenden Schreinerarbeiten aus. Hier in Raderberg, in der in unmittelbarer Nähe zum Vorgebirgspark gelegenen Kreuznacher Straße 49, verbringt Heinrich Böll den weitaus größten Teil seiner Kindheit. Die Kreuznacher Straße und ihre Umgebung boten einen Lebens- und Erfahrungsraum, in dem sich ein erstes Gespür für gesellschaftliche Schichten und Sichtweisen entwickelte, trafen hier doch, durch die Errichtung einer Arbeitersiedlung in der Nähe der gleichzeitig entstehenden »Siedlung Am Rosengarten« die »besseren« Leute mit den

Wir sind dann kurz darauf, ich glaube, als ich drei oder vier Jahre alt war, weggezogen, umgezogen in einen regelrechten Vorort, in eine Neubausiedlung, die einer privaten Initiative eines meiner Onkel entsprang, der Architekt war. Er baute fünf oder sechs Häuser für Bekannte, für Verwandte. Es war eine Siedlungsgenossenschaft, ich weiß nicht mehr, wie sie hieß, und da wohnten wir also in einem noch nicht fertigen Viertel. Ich erinnere mich, daß die Straße noch nicht gepflastert war, es war eine Art Feldweg, und gegenüber lag ein Park, und meine Haupterinnerung ist das Spielen draußen auf der Straße oder in diesem Park. Wenn die Gärtner streikten, war das besonders romantisch.

Gespräch mit René Wintzen, ›Eine deutsche Erinnerung‹ (1978)

4 Die Schaukel im Vorgebirgspark. Auf der Schaukel Alois (rechts) und Alfred Böll, Heinrich Böll links daneben

»anderen«, den Arbeitern und einfachen Angestellten, direkt aufeinander. Im Rückblick auf die Erfahrungen der Raderberger Zeit formulierte Böll noch 1981: »Ich habe nie […] begriffen, was an den besseren Leuten besser gewesen wäre oder hätte sein können. Mich zog's immer in die Siedlung, die wie unsere neu gebaut war, in der Arbeiter, Partei- und Gewerkschaftssekretäre wohnten; dort gab es die meisten Kinder und die besten Spielgenossen, immer genug Kinder, um Fußball, Räuber und Gendarm, später Schlagball zu spielen.« Den nötigen Freiraum gewährten die Eltern, deren Einstellung ansonsten durchaus von den konfessionellen Bedingungen des katholischen Glaubens bestimmt war, von deren einengendem Diktat sie die Kinder, wenn auch in einer »nicht ausgesprochen, sondern unausgesprochenen« Weise, »verschonen« wollten. Im puritanischen Geist eines jansenistisch beeinflussten Katholizismus erzogen, waren sie – wie Böll später berichtet – »skeptisch« geworden gegenüber den konfessionell etablierten »Frömmigkeitsübungen« und der »Zwangsjacke« religiöser Praxis. Insofern »kontrollierten« die Eltern die »religiöse Praxis« ihrer Kinder eher

5 Heinrich Böll (obere Reihe in der Mitte) als Volksschüler

wenig und ließen ihnen innerhalb der konfessionellen Grenzen Raum. Die Grenzen selbst aber galten weiterhin. Der Konfessionalismus durchdrang alle Lebensbereiche und bestimmte als identitätsprägendes Merkmal das Verhältnis zu allem außerhalb des katholischen Lebens- und Glaubensmilieus Gelegenen. Er war die maßgebliche Instanz, derer man sich vergewisserte, »wenn einer ein Mädchen kennen lernte oder einen Jungen«. Er entschied letztlich, ob man miteinander »spazieren oder tanzen oder ins Kino« gehen konnte. Die »erste Frage« war stets: »Bist du katholisch?«

Selbstverständlich ist es eine katholische Volksschule, die Heinrich Böll ab 1924 besucht. Von den in der Volksschule Brühler Straße 204 unterrichteten 515 Kindern (295 Knaben und 220 Mädchen) ist nur eines nicht katholischer, sondern »israelitischer« Glaubensherkunft, und das zwölfköpfige Lehrerkollegium besteht ausschließlich aus Katholiken.

Ebenso selbstverständlich nimmt Heinrich Böll in dieser Zeit an den mit der Aufnahme in die katholische Glaubensgemeinschaft verbundenen Vorbereitungen zur

Sie müssen sich vorstellen, wie der Konfessionalismus unser Leben noch bestimmt hat. Wenn ich mit einem evangelischen Mädchen nach Hause gekommen wäre – sagen wir vor fünfzig Jahren, da war ich vierzehn oder was, mein Vater hätte einen Herzinfarkt bekommen. Und zwar subjektiv »echt«, wie man das heute nennt. Der war nicht dümmer als ich. [...] Das war so in ihm drin, richtig implantiert. Ich weiß, daß ein Onkel von mir eine evangelische Frau heiratete, das war einfach eine Katastrophe, mit dem

Ersten Heiligen Kommunion teil. Die entsprechenden katechetischen Unterweisungen erhält er von Joseph Teusch, dem späteren Kölner Bischofsvikar und Gründer der katholischen »Abwehrstelle gegen die antichristliche nationalsozialistische Propaganda« zur Zeit der NS-Diktatur. Der Unterricht erfolgt teilweise sogar im Hause der Familie Böll, wenn Teusch den zuweilen erkrankten Achtjährigen aufsucht und unterrichtet. Die Erstkommunion findet am 11. April 1926 in der St. Mariä-Empfängnis-Kirche in Köln statt.

Geburtstage wurden bei uns nicht gefeiert, das galt als »protestantische Unsitte«.

›Der Husten meines Vaters‹ (1977)

Und katholisch – »extrem katholisch«, wie Böll später hervorhob – ist auch das Gymnasium, in das er nach der Volksschule im April 1928 überwechselt: das Staatliche Kaiser-Wilhelm-Gymnasium in der Heinrichstraße 9. Das Jungengymnasium – 1868 als Katholisches Progymnasium gegründet – wurde 1871, ein Jahr nach der Reichsgründung, zunächst zum Kaiser-Wilhelm-Gymnasium, dann, kurze Zeit später und bis zu seiner Schließung 1939, zum Staatlichen Kaiser-Wilhelm-Gymnasium. Heinrich Bölls Gymnasialzeit beginnt ein Jahr bevor tiefe Einschnitte das Leben, das bislang in gesicherten Bahnen verlief, radikal und prägend verändern.

Der erste Einbruch kündigt sich – fernab von Köln – mit dem Kurssturz an der New Yorker Börse am 24. Oktober 1929 an. Der Schwarze Freitag war der Beginn einer Krise, zu der in den USA überhöhte, von keinem realwirtschaftlichen Gegenwert gedeckte Erwartungen an die

wurde zwanzig Jahre nicht gesprochen – das müssen Sie sich vorstellen. Aus diesem Milieu komme ich, von dem bin ich geprägt.

In einer Diskussion mit Schülern in Pulheim (1982)

konjunkturelle Entwicklung geführt hatten. Diese Krise wirkte sich ökonomisch auf Deutschland besonders gravierend aus, da dessen wirtschaftliche Entwicklung seit der Hyperinflation von 1923 im Wesentlichen auf kurzfristigen Auslandskrediten basierte, die jetzt zur Deckung von Liquiditäts-Engpässen in die USA zurückgerufen wurden. In der Folge und unterstützt durch entsprechend negative Einschätzungen der weiteren wirtschaftlichen Entwicklung, führt dies bei den deutschen Unternehmen alsbald zu massenhaften Entlassungen und damit zu einer sprunghaft ansteigenden Erwerbslosigkeit, deren Höchststand im Winter 1931/1932 mit 6,128 Millionen Arbeitslosen erreicht wird (in Köln sind es im Jahresdurchschnitt 83 080, was einer Arbeitslosenquote von 30,8 Prozent entspricht). Hauptsächlich von ihr betroffen wird die Arbeiterschaft. Die Angst, in den Sog des sozialen Abstiegs zu geraten, greift aber auch auf den Mittelstand über. Direkt oder indirekt wird jede gesellschaftliche Klasse in die Entwicklung einbezogen, fast jeder Haushalt berührt, auch der der Bölls. Aufgrund des Zusammenbruchs der 1923 gegründeten »Rheinischen Kredit-Anstalt«, für die Viktor Böll als Bürge gezeichnet hatte und bei deren Liquidation im Jahr 1930 nun Bürgschaften abgerufen werden, gerät die Familie in massive wirtschaftliche Bedrängnis, so dass letztlich das Haus in der

Unser Haus im Grünen mußte verkauft werden, und es blieb kein Pfennig von der Kaufsumme übrig. Wir waren verstört, zogen in eine große, zu große Wohnung am Ubierring in Köln, der damaligen Werkschule gegenüber. Gerichtsvollzieher, Gerichtsvollzieher, Kuckuck über Kuckuck. Wir rissen sie, solange sie noch frisch waren, ab, mißachteten diese vorläufige Besitzergreifung; später ließen wir sie, gleichgültig geworden, kleben, und es kam vor, daß es an manchen Möbelstücken (etwa am Klavier) regelrechte »Kuckucksnester« gab. Mit den Gerichtsvollziehern kamen wir gut aus. Ironie gab's beiderseits, Grobheiten beiderseits nie. […] Gesamtstimmung: Leichtsinn und Angst. Sie schlossen einander nicht aus. […] Wir wollten leben.

Es ging bescheiden zu, und doch wurde Bescheidenheit nicht zur Parole. Sorgen und Schulden hatten wir genug. Die Miete, das

Kreuznacher Straße veräußert werden muss. Im Herbst beziehen die Bölls daher in der Kölner Südstadt eine Mietwohnung am Ubierring. Als auch diese Wohnung nicht gehalten werden kann, folgt 1932 der Umzug in die Maternusstraße 32.

6 Maternusstraße 32 um 1983

Der zweite, tiefer gehende Einschnitt war die politische Radikalisierung, die 1929 anhebt und deren deutlich sichtbares Zeichen bei den Reichstagswahlen vom 14. September 1930 ein sprunghaft steigender Stimmenzuwachs der NSDAP ist. Entfielen bei der Reichtagswahl 1928 noch 2,6 Prozent oder 800 000 Wählerstimmen auf die NSDAP, so waren es bei der Septemberwahl 1930 bereits 6,4 Millionen Wähler, die der NSDAP einen Stimmenanteil von 18,2 Prozent einbrachten und die Zahl ihrer Reichstagsmandate von 12 im Jahr 1928 auf 107 steigerten.

Die NSDAP wurde mit dieser Wahl zur Massenpartei und als potentielle Regierungsmacht zum Faktor im politischen Kalkül. Bestimmend für die weitere Entwicklung – und letztlich entscheidend für den Weg bis zur Ernennung Hitlers zum Reichskanzler am 30. Januar 1933 – wurde die nach dieser Wahl propagierte »Zähmungsstrategie« der Regierung unter Reichskanzler und Zentrums-

Essen, die Kleider, Bücher, Heizung, Strom. Dagegen half nur temporäre Sorglosigkeit, die eben nur temporär gelang. Irgendwie mußte ja auch Geld fürs Kino, für Zigaretten, für den unumgänglichen Kaffee aufgetrieben werden, was nicht immer, aber gelegentlich gelang. Die Pfandhäuser wurden entdeckt. Es war nicht alles so lustig, wie es klingen könnte. Je bescheidener es zuging, desto weniger wurde Bescheidenheit die Parole.

›Der Husten meines Vaters‹ (1977)

politiker Heinrich Brüning, dessen Politik (aber auch die seiner Nachfolger von Papen und Schleicher) gegenüber der NSDAP auf der illusionären Vermutung beruhte, sie durch eine politische Einbindung von ihren totalitären und radikalen Elementen lösen zu können. Selbst Konrad Adenauer, der sich offen als Gegner der NSDAP bekannte, sprach sich für diese Strategie der »Zähmung« der nationalsozialistischen Partei Hitlers aus, die von der rechtskonservativ ausgerichteten Regierung als »Mehrheitsbeschaffer« angesehen und damit völlig verkannt wurde. Adenauer war 1917 – im Geburtsjahr Heinrich Bölls – zum Oberbürgermeister von Köln gewählt worden und Mitglied der konfessionell-katholischen Zentrumspartei, zu deren Wählern Viktor Böll als Rheinländer und Katholik ebenfalls gehörte.

Erfolg und Aufstieg der NSDAP halten an. Erneut hohe Zugewinne erzielt die Partei bei der am 31. Juli 1932 durchgeführten Wahl zum 6. Reichstag, in den sie bei einem Stimmenanteil von 37,3 Prozent mit 230 Mandaten einzieht. Als dann aber für den November des Jahres Neuwahlen angesetzt werden und die NSDAP reichsweit von 37,3 auf 33,1 Prozent (in Köln von 24,5 Prozent auf 20,4 Prozent) absinkt, scheint dies Kommentatoren der Presse der Auftakt für einen »Abschied vom Dritten Reich« zu sein (›Rheinische Zeitung‹, 7. November 1932), eine Einschätzung, der auch die ›Kölnische Zeitung‹ folgt und die weiterhin verbreitet wird: »Hitlers furchtbarer Absturz. Das Dritte Reich entschwindet im Nebel« (›Rheinische Zeitung‹, 19. Dezember 1932). Diese von Böll später als »Blindheit« apostrophierte Verkennung der Entwick-

Deutschland 1933/34
1933
30. Januar: Ernennung Hitlers zum Reichskanzler
27. Februar: Reichstagsbrand
21. März: Eröffnung des neuen Reichstages mit Reichspräsident Hindenburg und Hitler als Kanzler
24. März: Ermächtigungsgesetz: Es ermächtigt die Regierung, Gesetze verfassungsändernden Inhalts, sofern sie nicht den Reichstag selbst betreffen, auch ohne dessen Zustimmung zu erlassen.
ab 1. April: Boykott jüdischer Geschäfte

lung trifft auch auf die Berichterstattung eines mit Köln verbundenen Ereignisses kurz vor der Machtübernahme zu. In Köln – Sitz zuerst des gesamten Gaus Rheinland, nach dessen Teilung 1931 des Gaus Köln-Aachen – findet am 4. Januar 1933 in der Villa des Bankiers Freiherr von Schröder ein auf dessen Vermittlung zurückgehendes Geheimtreffen zwischen Hitler und dem ehemaligen Reichskanzler Franz von Papen über eine gemeinsame Regierung statt, das wesentliche Voraussetzungen für die Machtergreifung Hitlers am 30. Januar 1933 schafft. (Papen war am 1. Juni 1932 als Nachfolger Brünings von Hindenburg zum Reichskanzler eines »Kabinetts der nationalen Konzentration« ernannt worden, aber am 17. November zurückgetreten. Sein Nachfolger bis zur Machtübernahme Hitlers wurde Kurt von Schleicher.) Bereits einen Tag nach diesem Treffen, das so »geheim« wie verabredet dann doch nicht blieb, erscheint in der ›Berliner täglichen Rundschau‹ ein entsprechender Bericht, dem zwei Tage später, am 7. Januar 1933, ein Artikel in der in Köln-Deutz verlegten ›Rheinischen Zeitung‹ folgt, der allein schon mit seiner Titelzeile Bölls spätere »Blindheits«-These zu bestätigen scheint: »Adolf und Fränzchen. Eine Unterhaltung, die die Welt zum Lachen bringt.« Die Einschätzung, dass das »Dritte Reich im Nebel« verschwinde, dass Hitler »sich nicht lange halten wird«, teilen allerdings, wie Böll später wiedergab, mit vielen Zeitgenossen auch die Bölls. Ausnahme war hier die Mutter, deren Blick auf die politischen Verhältnisse klarer war als der der anderen Familienmitglieder. (Und doch: wenn Böll sich in ›Über mich selbst‹ daran »erinnert«, dass man in

7. April: Das Druckhaus der ›Rheinischen Zeitung‹ in Köln-Deutz wird unter städtische Zwangsverwaltung gestellt, dann der NSDAP überlassen und zum Sitz des ›Westdeutschen Beobachters‹.
2. Mai: »Gleichschaltung« der Gewerkschaften
17. Mai: Bücherverbrennung in Köln (10. Mai im Reich)
5. Juli: Selbstauflösung der Deutschen Zentrumspartei
20. Juli: Unterzeichnung des Konkordats zwischen dem Vatikan und der deutschen Reichsregierung

Köln »Hitler mit Blumentöpfen bewarf«, so ist dieses als Ereignismetapher für Stimmungen und Wertungen eingesetzte »Blumentopf-Werfen« – das als solches wohl kaum stattgefunden haben wird – doch auch wieder »exakt« in der Bildfindung für jene Einschätzung, wie sie u. a. in einer Wendung wie »Faschismus geschlagen« Ende 1932 in einem Bericht der ›Rheinischen Zeitung‹ zum Ausdruck kommt.)

Den »Gedenktag [...] kommender Geschlechter«, wie die in Köln erscheinende NSDAP-Zeitung ›Westdeutscher Beobachter‹ den 30. Januar 1933 tags darauf in einem Artikel bezeichnet, erlebt Heinrich Böll grippekrank im Bett: »Ich lag im Bett und las – wahrscheinlich Jack London, den wir von einem Freund in der Büchergildenausgabe entliehen, es kann aber auch sein, daß ich [...] ›gleichzeitig‹ Trakl las. [...] Der Kommentar meiner Mutter zu Hitlers Ernennung: ›Das ist der Krieg‹, er mag auch gelautet haben: ›Hitler, das bedeutet Krieg.‹ [...] Ich weiß nicht, wie lange ich noch bettlägerig war. Ich weiß nicht mehr, ob der Reichstagsbrand, dessen ›Promptheit‹ durchaus bemerkt wurde, noch in die Zeit der Krankheit, in die Schulzeit oder gar die Ferien fiel. Vor den Märzwahlen jedenfalls war ich wieder auf dem Schulweg, und erst nach diesen Wahlen [...] im April, Mai tauchten die ersten Jungvolk- und HJ-Blusen auf, in den oberen Klassen die eine oder andere SA-Uniform.«

Sein Krankenbett verlassen hat Heinrich Böll auf jeden Fall vor dem 19. Februar 1933. »Adolf Hitler redet in Köln«, notierte er an diesem Tag am Rande seiner Schulausgabe von Xenophons ›Kyur Anabasis‹ anlässlich von Hitlers Aufenthalt in der Stadt im Rahmen des Wahl-

1934
30. Juni–2. Juli: »Röhm-Putsch«: Entmachtung und Ermordung der SA-Spitze und Mordaktionen an konservativen Regimekritikern; die SS wird eigenständig.
1. August: Einführung des Staatsjugendtags
2. August: Tod Hindenburgs; Hitler wird Führer und Reichskanzler. Vereidigung der Reichswehr auf den neuen Oberbefehlshaber Adolf Hitler

kampfes zum 8. Deutschen Reichstag und setzt hinzu: »Faschisten Kanone Hitler sabbert; ein abgerutschter Sozialist, genannt Hitler (N.S.D.A.P.) macht sich unliebsam laut – Tod den Braunen.«

Westdeutscher Beobachter

Ungeheurer Jubel Kölns über die Verjagung Adenauers

Kölns „stolzer Herzog" geflüchtet! .·. Der Zentrumsbonze brauchte 108000 Mark Gehalt – unser Oberbürgermeister Dr. Riesen arbeitet ehrenamtlich!

Der Mann des Volkes

7 Titelblatt des ›Westdeutschen Beobachters‹ zum Besuch Hitlers in Köln im Februar 1933

Unmittelbar nach den am 5. März 1933 abgehaltenen Reichstagswahlen, deren Ergebnis der NSDAP reichsweit 43,9 Prozent der Stimmen erbringt (Köln 33,1 Prozent), und noch vor Inkrafttreten des Ermächtigungsgesetzes am 24. März 1933 fällt in Köln die bis dahin noch aufgrund der Kommunalwahl am 12. März wahltaktisch auferlegte Zurückhaltung der Kölner NSDAP-Gliederungen und ihrer »Führer«. Am 13. März 1933 verkündet Gauleiter Josef Grohé die Absetzung Konrad Adenauers als Oberbürgermeister. Mit dieser »Machtergreifung« in Köln setzt ein, was Heinrich Böll als Verlust seiner gegenüber dem Schulbesuch alternativ bevorzugten Art eigener »Lebensform« betrachtet hatte: das Umherschweifen in den die Schule und sein Zuhause umgebenden Straßen. Sie werden zu »zerstörtem Gelände« durch den nun täglich ausgeübten Straßenterror umherziehender Jungnazi-Gruppen, dem im Mai/Juni 1933 ins-

Offizielle Besuche Hitlers in Köln

18. August 1930
9. März 1932
28. Juli 1932
30. Oktober 1932
19. Februar 1933
26. Oktober 1933
26. August 1934
28. März 1936
30. März 1938

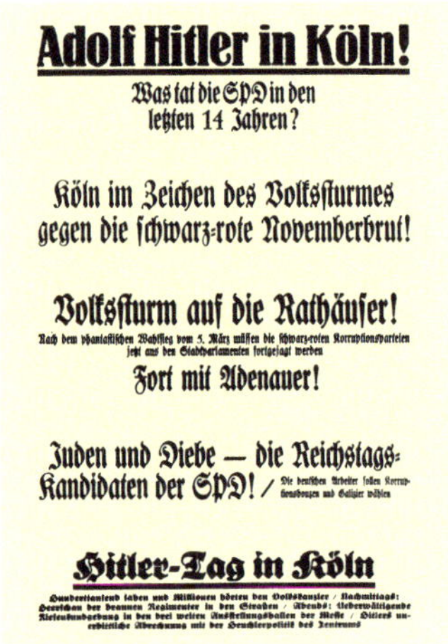
Adolf Hitler in Köln!

Was tat die SPD in den letzten 14 Jahren?

Köln im Zeichen des Volkssturmes gegen die schwarz-rote Novemberbrut!

Volkssturm auf die Rathäuser!

Nach dem phantastischen Wahlsieg vom 5. März müssen die schwarz-roten Korruptionsparteien jetzt aus den Stadtparlamenten fortgejagt werden

Fort mit Adenauer!

Juden und Diebe – die Reichstags-Kandidaten der SPD! / Die deutschen Arbeiter sollen Korruptionsbonzen und Galizier wählen

Hitler-Tag in Köln

Hunderttausend sahen und Millionen hörten den Volkskanzler / Nachmittags: Heerschau der braunen Regimenter in den Straßen / Abends: Ueberwältigende Riesenkundgebung in den drei weiten Ausstellungshallen der Messe / Hitlers unerbittliche Abrechnung mit der Heuchlerpolitik des Zentrums

8 Schlagzeilen der Kölner NS-Zeitung ›Westdeutscher Beobachter‹ vor den Märzwahlen 1933

besondere die Angehörigen katholischer Jugendverbände ausgeliefert sind. Überfälle auf Lager des katholischen Freiwilligen Arbeitsdienstes sind dabei ebenso an der Tagesordnung wie die schlagartig zunehmenden Provokationen und Verprügelungen der (durch ihre Abzeichen erkennbaren) Angehörigen katholischer Jugendgruppen durch NS-Jugendliche auf offener Straße. »Wir haben es heute nicht mehr nötig, uns provozieren zu lassen, und wir werden gegen schamlose Provokateure und Gesinnungslumpen rücksichtslos vorgehen. Der Reichsjugendführer Baldur von Schirach sagt: ›Schlagt die Reaktion, wie ihr den Marxismus geschlagen habt!‹«, gab der Jugendbannführer Köln-Aachen, Ulanowski, in einer am 14. Juni 1933 im ›Westdeutschen Beobachter‹ veröffentlichten »Dienstanweisung« an das Deutsche Jungvolk bekannt.

Vor allem ein Ereignis erlebt Böll im »Schreckensjahr 1933« als »entscheidendes Signal« auf dem Weg zur »endgültigen Machtergreifung« 1934. Am 17. Juli 1933 beginnt in Köln der Schauprozess gegen 17 Kommunisten, die angeklagt werden, am 24. Februar 1933 an der Tötung zweier SA-Mitglieder, Walter Spangenberg und Winand Winter-

9 Ausschnitt aus dem Panorama Kölns um 1925 ▶

berg, beteiligt gewesen zu sein. Im Juli wird das Urteil verkündet: Sechs der Angeklagten – Josef Engel, Hermann Hamacher, Heinrich Horsch, Matthias Josef Moritz, Otto Wäser und Bernhard Willms – werden zum Tode verurteilt, gegen die anderen werden Gefängnisstrafen bis zu 18 Jahren verhängt. Als am 30. November 1933 im Gefängnis Klingelpütz die sechs Verurteilten hingerichtet werden, hängt »Schrecken über Köln, Angst und Schrecken von der Art, die Vögel vor einem Gewitter auffliegen und Schutz suchen läßt – es wurde stiller, stiller; ich machte keine frivolen Bemerkungen über Hitler mehr, nur noch zu Hause und auch dort nicht in jedermanns Gegenwart«. Die Zerstörung der »Lebensform« Straße, des »vertrauten Geländes« setzt sich in der Zerstörung von »Vertrauen« fort, das nicht jedem entgegengebracht werden kann.

Auch das Gymnasium, obgleich im Wesentlichen als »nazifreie« Einrichtung erinnert, ist keine Enklave. So vermerkt Heinrich Böll ausdrücklich am Rande seiner »Xenophon«-Ausgabe den Eintritt eines Mitschülers in die Hitler-Jugend oder kommentiert – ebenfalls als Randnotiz – die Anwesenheit Hermann Görings in Köln anläss-

lich der Verleihung der Ehrenbürgerschaft an ihn am 27. Juni 1934: »Leck mich am Arsch Faschisten-Häuptling Göring (ehem. Hptm. d. preuss-Armee).« Heinrich Böll versucht, sich den in die Schule hineinreichenden Auswirkungen nationalsozialistischer Formierung zu entziehen, wo es nur geht. Sei es bezüglich des Eintritts in die Hitler-Jugend, was ihm gelang und später im Abiturzeugnis entsprechend vermerkt wurde, oder, weniger erfolgreich, gegenüber der Teilnahme an den ab 1934 eingeführten nationalsozialistischen Schulungslagern. Sie fanden einmal jährlich statt mit dem Ziel, die Schüler durch »kameradschaftliches Zusammenleben in militärischer Ordnung« sowie durch »Lieder und das Schrifttum der Bewegung« zu nationalsozialistischer Haltung zu erziehen. Dreimal, 1934 in Zülpich, 1935 in Oberwesel bei Königswinter und 1936 in Ludweiler/Saar, musste Böll an dem »verordneten« Lagerleben teilnehmen.

Eine Grenzlinie zu den gesellschaftlichen Umbrüchen in der Schule und der weiteren Umgebung zieht Bölls katholisches Lebens- und Glaubensmilieu. Diese Atmosphäre erlebte er nicht nur im Elternhaus, während seiner Mitgliedschaft in einer Marianischen Kongregation zwischen 1928 und 1934 bzw. durch die Mitgliedschaft seines Bruders Alfred in der katholischen »Sturmschar«. Sie bedeutet für ihn auch die Klammer hinsichtlich Orientierung und Strukturierung des eigenen Wahrnehmungsfeldes. Dabei ist es vor allem der Christlichkeit und Katholizität identifizierende katholische Universalanspruch, die Inhalte und die ordnenden Bewusstseinsmaßstäbe bereitzustellen, der hier seine von Böll später als »katholisch,

Über seinen Bruder Alois lernt Heinrich Böll in den dreißiger Jahren den in der **Maternus-Pfarre** für die Sturmschar zuständigen Pfarrer Paul Heinen kennen, der ihn zuweilen mit der Ordnung seiner Bibliothek bzw. Korrespondenz betraute und ihm dafür kleinere Geldbeträge zukommen ließ. Darüber hinaus übernimmt er als so genannter »Frontposten« die an der Maternus-Pfarre angesiedelte Verteilungsstelle der Wochenschrift ›Junge Front. Wochenzeitung ins deutsche Jungvolk‹ (ab 1. Juli 1935 ›Michael. Wochenschrift junger katholisch, katholisch« bezeichnete Wirkungsmächtigkeit entfaltet – auch in der Familie. Seine Umsetzung in die bürgerliche Kulturpraxis verhinderte die Wahrnehmung aller außerkatholischen kulturellen Orientierung. Deren Normen teilten das »Wahre« vom »Falschen« und schufen eine katholische Immanenz, die im Literarischen nicht nur zur Ausgrenzung, sondern erst gar nicht zur Kenntnisnahme der Werke von Autoren wie Heinrich Mann, Lion Feuchtwanger, Arnold Zweig, Alfred Döblin, Robert Musil und Herman Broch führten. In diese Ordnung vermochte »die deutsche Literatur« so gut wie nicht einzudringen. »Die ›Buddenbrooks‹ am Rande, aber Tucholsky etwa, keine Spur; Kästner ja: der Mond als Gefreitenkopf. Im Übrigen war alles andere ›Berlin‹, und Berlin war nicht geliebt, wurde noch ungeliebter, seitdem die Nazis es übernommen hatten.« Entscheidend sind dagegen die Einflüsse und Anregungen der katholischen Gedankenüberlieferung, die bei erhalten bleibender Grenzziehung nach außen im konfessionellen Binnenverhältnis die Kontroverse um die Amtskirche und ihren kulturellen Dogmatismus nähren. (Risse im Verhältnis zur *Una Sancta* hatte es bereits durch den von den Bölls als Arrangement mit der Hitler-Regierung angesehenen Abschluss des Reichskonkordats im Juli 1933 gegeben, durch das der Vatikan der Selbstbehauptung der katholischen Kirche eine rechtlich abgesicherte Stellung schaffen zu können glaubte, faktisch aber Hitler eine Anerkennung und Verbriefung seiner »Vertragswürdigkeit« einbrachte.) Der Aufbruch »aus dem Exil des katholischen Ghettos« (Nipperdey) zur modernen Kultur, wie ihn die von Carl Muth im Kösel-Verlag erscheinende

Deutscher‹). Als »Frontposten« erhält er pro verkauftem Exemplar 4 Reichspfennig. Die ab dem 17. Mai 1932 erscheinende Wochenschrift wurde am 26. Januar 1936 verboten.

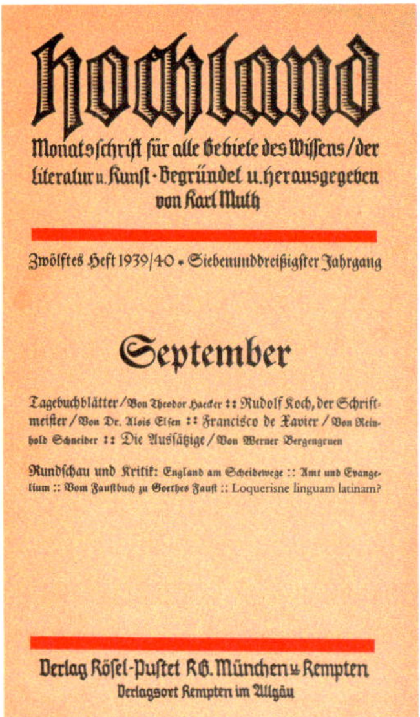

Hochland

Monatsschrift für alle Gebiete des Wissens / der Literatur u. Kunst · Begründet u. herausgegeben von Karl Muth

Zwölftes Heft 1939/40 • Siebenunddreißigster Jahrgang

September

Tagebuchblätter / Von Theodor Haecker :: Rudolf Koch, der Schriftmeister / Von Dr. Alois Elsen :: Francisco de Xavier / Von Reinhold Schneider :: Die Aussätzige / Von Werner Bergengruen

Rundschau und Kritik: England am Scheidewege :: Amt und Evangelium :: Vom Faustbuch zu Goethes Faust :: Loquerisne linguam latinam?

Verlag Kösel-Pustet KG. München u. Kempten
Verlagsort Kempten im Allgäu

10 Titelseite der von Böll gelesenen Zeitschrift ›Hochland‹, 1939

Zeitschrift ›Hochland‹ unternahm, wurde in der Familie jedenfalls wahr- und wohl auch aufgenommen. Autoren wie Theodor Haecker, Reinhold Schneider, Gertrud von Le Fort, die sämtlich in ›Hochland‹ publizierten, konnte Böll hier begegnen. Vor allem der auf Böll einflussreiche Kulturkritiker Theodor Haecker veröffentlichte in Muths Zeitschrift zahlreiche Essays wie beispielsweise ›Über den christlichen Sinn der Geschichte‹ (im Jahrgang 1934/1935), ›Vom Wesen christlicher Kunst‹ (Jahrgang 1935/1936) oder den Essay ›Schönheit – Ein Versuch‹ (Jahrgang 1936/1937). Aber dass ein Christ »aufständig« und »aufsässig« ist, wenn er »seinem« Glauben folgt und versucht, dessen »Überzeugungen« im eigenen Handeln zu verwirklichen, auf diesen »Bekenntnispfad« führt Heinrich Böll 1936 die Bekanntschaft mit den französischen Autoren des *renouveau catholique*, Georges Bernanos, François Mauriac und Charles Péguy, vor allem aber deren Wegbereiter und Stichwortgeber Léon Bloy.

Paul Heinen (3. März 1904 – 29. Juni 1998), am 6. August 1929 geweiht, war seit dem 17. Oktober 1933 zweiter Kaplan der Pfarre St. Maternus, Alteburgerstraße 70. In seine Zuständigkeit fiel die Betreuung des katholischen Jungmännerbundes sowie der katholischen Sturmschar. Heinen ließ sich ab dem 29. Dezember 1936 von seiner Tätigkeit beurlauben und floh, nachdem seine Wohnung von der Gestapo durchsucht worden war, im Januar 1937 zunächst in die Schweiz, dann zu Verwandten in die Niederlande, bei denen

Wir wollen den klerikalen Wänsten klarzumachen versuchen, wie metaphysisch lächerlich die äußerliche Stellung der Kirche ist mit ihren wirtschaftlichen und organisatorisch tadellosen Gebäuden im Vergleich zu ihrer Stellung, die sie real in den Gehirnen der Gegenwart einnimmt [...] Wir wollen die Kassenschränke der christlichen Bankinstitute öffnen, und mit Eifer wollen wir studieren die Kassenbücher christlicher Versicherungsanstalten, und unsere Augen sollen tränen, und unsere Ohren sollen dröhnen, wenn wir die geheimen Gänge des christlichen Wuchers finden. Und niemals, keine Sekunde, wollen wir vergessen, daß es eine *una sancta catholica et apostolica* gibt, die freilich einer *reformatio in corpore et membris* bedarf.

›Eine sommerliche Episode‹
(geschrieben zwischen dem 14. Juli und 1. August 1938)

Vorbereitet wird diese entscheidende »Entdeckung« durch die Freundschaft, die Heinrich Böll 1935 mit dem aus Brühl stammenden Caspar Markard schließt, der 1935 ins Staatliche Kaiser-Wilhelm-Gymnasium aufgenommen wird. Über ihn kommt Böll in Berührung mit dem renommierten Claudel-Übersetzer und Herausgeber der Zeitschrift ›Catholica. Vierteljahrsschrift für Kontroverstheologie‹ Robert Grosche. Grosche, zu dieser Zeit Pfarrer im Brühler Vorort Vochem, setzt Gesprächszirkel fort, die er bereits in seiner Zeit als Studentenseelsorger an der Kölner Universität durchgeführt hatte und die neben kunstgeschichtlichen Themen auch immer wieder Fragen des Glaubens, der religiösen Lebenswelt sowie die Literatur katholischer Autoren berühren – darunter auch die Werke des *renouveau catholique*. Über Grosche lernt Heinrich Böll das Werk des französischen Schriftstellers und Publizis-

er sich über ein Jahr versteckt hielt, bevor er im Januar 1939 in die USA auswanderte. Hier führte Heinen zunächst eine kleinere Gemeinde, zog sich dann aber bis zu seinem Tod 1998 zurück.

ten Léon Bloy (1846–1917) kennen, vor allem dessen Schrift ›Das Blut des Armen‹, die, so Böll in einem Rückblick auf das Jahr 1936, »wie eine Bombe einschlug«. In Bloy, dem Kritiker des Klerus und einer der Wörtlichkeit des Evangeliums vergessenen Amtskirche, gleichzeitig aber radikalem Katholik, fand der trotzig gelebte Stolz des sich durch wirtschaftlichen Unbill klassenlos Empfindenden endlich seine ihm bislang scheinbar fehlenden interpretativen Muster. Die Muster dafür, »erzählend hinter das zu kommen und ihm Ausdruck zu geben, was an der erfahrenen, erlebten und nicht ganz durchschauten Geschichte bewegt [hat]. Soziale Dinge, religiöse Dinge, politische auch.« »Dinge«, die der erste »große Text« Heinrich Bölls, der zwischen dem 11. September und 8. Oktober 1936 verfasste Roman ›Die Inkonsequenzen des Christoff Sanktjörg‹ im Rahmen einer Liebesgeschichte bereits durch Thesen zum religiösen, »wahren« und invektiven gegen das »unechte« Leben der Reichen behandelt hatte. Nun aber, mit Bloy, münzte sich der im Verlust des kleinbürgerlichen Status und Wohlstandes empfundene Übergang in eine Klasse der Klassenlosen um in ein Außer-aller-Ordnung-Stehen. Das ließ sich als eine, wenn auch auf nichts beruhende, dennoch als privilegiert verstandene Gegenbürgerlichkeit ausleben, deren verachteten Gegenpart die Wohlhabenden bildeten. Ist doch deren Reichtum und Leben im Überfluss – so Bloy – das »Blut« der Armen. Das Blut derer, die sterben müssen, wie etwa die Perlentaucher der zum französischen Kolonialbesitz gehörenden Manga-Reva-Inseln, damit »die parfümierten, mondänen Weiber […] stolz sein können« auf ihr »bescheidenes Perlen-

Wenig später, in den Jahren 1937 und 1938, habe ich selbst zu schreiben angefangen. Die Stoffe meiner ersten Erzählungen ergaben sich aus dem mir vertrauten Milieu des immer mehr herabkommenden Kleinbürgertums, das sich als Schutz Ironie, Hysterie und auch bohemehafte Attitüden zulegt.

›Dostojewskij – heute?‹ (1971)

halsband«, dessen Wert »die Bezahlung des Frühstücks von sechzig Haifischen« ist, bezahlt mit dem »grauenhaften Tod von sechzig Geschöpfen, die nach Gottes Ebenbild geschaffen sind«. »Das Blut der Armen ist das Geld. Man lebt davon und stirbt daran seit Jahrhunderten. Es ist der ausdruckvolle Inbegriff allen Leidens.«

Bloy war mit seiner Kritik indes kein Reformer des christlichen Lebensstils. Eine Sozialrevolution, deren Beweggrund darin läge, den Armen »reich« zu machen, war für ihn nahezu »antichristlich«, zielt sie doch auf eine nur »irdische« Glückseligkeit ab. Das widerspricht nicht nur der göttlichen Verheißung, sondern bringt einen »Teufelsanbeter« hervor, einen Almosengeber, der, »tiefgerührt über die Verhungernden, Champagner trinkend«, bloß von seinem Überfluss abgäbe, nicht aber »sich« selbst. Bloys Richtung war eine andere, auf das Zentrum von Christenheit und Kirche direkt zielende – und in diesem Zentrum stand das Kreuz als Inbegriff des Mitleidens. Des Mitleidens sowohl des in allem unaufhebbaren Leid des Armen mitleidenden Gekreuzigten als auch des Mitleidens des echten Christen mit dem bis an den Jüngsten Tag am »Kreuz hängenden Gottessohn«.

Bloys Armutstheologie, sosehr sie von Heinrich Böll auch als Deutungs- und Darstellungsmuster aufgegriffen wurde, war nicht das allein Entscheidende. Mit Bloy verknüpfte sich darüber hinaus auch die Position eines »absoluten« Christen, d.h. des Christen, dem es nicht genügt, die »Mutter Gottes zu verherrlichen, um ein katholischer Dichter zu sein«, sondern des Christen, der als »Pilger zum Absoluten« mit seinem »absoluten Blick« auf

Ich habe noch in Léon Bloys Tagebüchern gelesen, und ich spüre es wie immer, daß das wirklich mein Leben und mein Ziel ist, nur zu sagen, meinetwegen nur auf deutsch zu sagen, was er französisch gesagt hat. So ist es […] und ich bitte Gott immer darum, mir Gelegenheit zu geben. Ist es nicht ganz sonderbar, daß Léon Bloy im November 1917 gestorben ist und ich im Dezember 1917 geboren wurde? Eben, als mir das beim Lesen des Buches klar wurde, erschrak ich richtig […] *Feldpostbrief vom 9. Januar 1941*

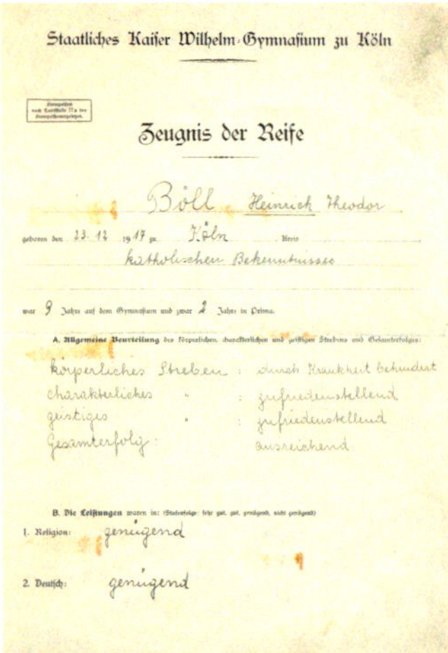

Staatliches Kaiser Wilhelm-Gymnasium zu Köln

Zeugnis der Reife

Böll Heinrich Theodor

geboren den 23. 12. 1917 zu Köln Kreis

katholischen Bekenntnisses

war 9 Jahre auf dem Gymnasium und zwar 2 Jahre in Prima.

A. Allgemeine Beurteilung des körperlichen, charakterlichen und geistigen Strebens und Gesamterfolges:

körperliches Streben: durch Krankheit behindert
charakterliches ": zufriedenstellend
geistiges ": zufriedenstellend
Gesamterfolg: ausreichend

B. Die Leistungen waren in: (Stufenfolge: sehr gut, gut, genügend, nicht genügend)

1. Religion: genügend

2. Deutsch: genügend

11 Heinrich Bölls Abiturzeugnis

die irdischen Verhältnisse der »unter anderen, vor anderen, an einer gewissen Revolutionierung in der geistigen Ordnung« (Béguin) arbeitende Christ ist. Er ist der eigentliche, d.h. alle Leiden auf sich nehmende, das Kreuz tragende Christ. Genau dieser Aspekt bei Bloy schlug »wie eine Bombe« ein.

Gegenüber solcher »Autorität« des »Pilgers zum Absoluten« gerät manch anderer, wenn auch nicht minder einflussreiche Autor, in den Hintergrund. G.K. Chesterton etwa, der mit seiner »fröhlichen Wissenschaft« vom Dogma so, wie er sie u.a. in seinen ›Häretikern‹ demonstrierte, im Rahmen von Bölls Auseinandersetzung mit der katholischen Gedankenüberlieferung eine ebenfalls markante Stellung einnahm. Ebenso die anderen Autoren wie Reinhold Schneider, Georg Trakl, Heinrich von Kleist, Adalbert Stifter, Friedrich Hölderlin, aber auch Charles Dickens und Honoré de Balzac treten für eine Weile zurück. Eine Ausnahme bildet einzig Dostojewski, der die ganze Zeit über als »der« Autor schlechthin genannt bleibt.

Die Ursache meiner Rebellion hing mit der total undefinierbaren gesellschaftlichen Stellung zusammen, in der wir uns befanden: wirtschaftliche Schwierigkeiten der krassesten Art, hatten sie uns nur deklassiert oder klassenlos gemacht? Ich weiß es bis heute nicht; wir waren weder rechte Kleinbürger noch bewußte Proleten, hatten einen starken Einschlag von Bohème; das Wort »bürgerlich« war eins unserer klassischen Schimpfworte geworden. […] Bloß deklassiert oder klassenlos? Die Frage bleibt unbeantwortet.

›Was soll aus dem Jungen bloß werden?‹ (1981)

Am 6. Februar 1937 legt Heinrich Böll am Staatlichen Kaiser-Wilhelm-Gymnasium das Abitur ab. Anschließend, und nur mehr oder weniger beruflicher Planung entspringend, unterzeichnet er – da noch nicht mündig, zusammen mit Viktor Böll – am 1. April 1937 den »Lehrvertrag des deutschen Buchhandels« mit Matthias Lempertz, Buchhandlung u. Antiquariat, Franziskanerstraße, Bonn. Lange vor Ablauf der Ausbildungszeit, die auf die Zeit vom 1. April 1937 bis 1. April 1940 festgelegt ist, beendet er sie bereits zum 1. Oktober 1937 und arbeitet in der Schreinerwerkstatt seines Bruders Alois, die dieser 1933 vom damals dreiundsechzigjährigen Vater übernommen hatte. Für Heinrich Böll war dies zugleich Gelegenheit, sich schriftstellerischen Versuchen zu widmen. In dieser Zeit entsteht auf zehn maschinenschriftlichen Bögen der als »Erzählung« bezeichnete Text ›Am Rande der Stadt‹, dessen Niederschrift am 6. November 1937 einsetzt und – nach Unterbrechungen – im Juni 1938 abgeschlossen wird. Die Bedeutung dieses Textes und auch der nachfolgenden, die bis zum Eintritt in den Reichsarbeitsdienst entstehen, treiben seinen Entschluss, Schriftsteller zu werden, mit Vehemenz weiter. Sie dokumentieren Bölls eigenes, wütend artikuliertes Unbehagen und weisen sich durch ihre als Zeitkritik artikulierten literarischen Provokationen der sozialen und kirchlichen Ordnung als Antwort auf diese Missstände aus. Das Inhaltliche und »Stoffliche« der als Bedrängung erfahrenen

Weißt Du auch, daß ich unmittelbar durch Léon Bloy gerettet worden bin; durch diesen Mann, den ich am meisten liebe von allen, die je in Europa Bücher geschrieben haben. Erst Jahre später ist mir dieses alles zum Bewußtsein gekommen; heute übersehe ich einigermaßen diesen ganzen Wust. Es ist vieles zusammengekommen in diesem Winter 1936/37, der entscheidend für mein Leben war […]. Ihn müßte ich zuerst nennen: Léon Bloy. Manchmal meine ich, daß ich danach erst geboren und getauft worden bin. Seit dieser Zeit geht es auf und ab mit mir, aber ich lebe, lebe, lebe. Ich bin nicht mehr tot. Es wird mir ganz kalt, wenn ich bedenke, daß ich vielleicht wirklich so tot geblieben wäre […]

Feldpostbrief vom 3. Dezember 1940

Fragen dominiert diese frühen literarischen Ansätze, die mitunter im hitzigen, schimpfenden und unruhigen Sprachgestus gehalten sind, so sehr, dass Aspekte der Form und Komposition noch weitgehend unberücksichtigt bleiben. Die Abklärung oder »Abkühlung« der schriftstellerischen Reizbarkeit durch die Form fehlt, und der Weg, den Eindruck sprachlich adäquat zu Papier zu bringen, den eigenen Beobachtungen und Wahrnehmungen mithilfe der literarischen Einbildungskraft Ausdruck zu geben, findet allerdings zunächst ein Ende im November 1938.

Im November beginnt Bölls Zeit beim Reichsarbeitsdienst, von dem er durch seinen Eintritt in die Buchhandlung Lempertz zunächst zurückgestellt worden war und den er nun als Angehöriger des »Arbeitskommandos Fritz Legemann« in Wolfhagen bei Kassel bis zum 31. März 1939 ableistet. Zurück in Köln immatrikuliert er sich am 13. April 1939 an der Universität und belegt für das Sommersemester Vorlesungen bei Ernst Bertram (Goethe II. Teil), Gottfried Weber (Geschichte der deutschen Dichtung im Spätmittelalter), Joseph Kroll (Griechische Tragödie), Artur Schneider (Die Philosophie der neuesten Zeit seit Mitte des 19. Jahrhunderts), Robert Heiss (Existenzphilosophie), Seminare zu Senecas ›Epistulae morales‹ sowie Seminare zu lateinischen und griechischen Stilübungen.

Was darüber hinaus an Zeit verbleibt, nutzt Heinrich Böll wieder zum Schreiben. So entsteht u. a. im Mai die Erzählung ›Das Mädchen mit den gediegenen Ansich-

> Ich glaube, ich habe den Auftrag, allen Menschen eindringlich zu sagen, daß es nichts so Geheimnisvolles, nichts so Verehrenswürdiges gibt wie das Leid; nichts, das so unmittelbar uns geschenkt ist, regelrecht geschenkt, nicht auferlegt. Es ist wirklich eine Gnade, wenn wir leiden dürfen, denn wir dürfen dann doch auf eine geheimnisvolle Weise wie Christus sein. Ich finde jetzt nicht die richtigen Worte, Dir zu sagen, wie sehr und wie absolut ich von diesem Geheimnis erfüllt bin; aber ist es nicht phantastisch, daß ich in einer Zeit geboren sein muß, die das Leid leugnet […]
>
> *Feldpostbrief vom 12. Dezember 1941*

ten‹, deren Manuskript Heinrich Böll – versehen mit dem Vermerk »Kennwort: Köln« – der in Wien erscheinenden Zeitschrift ›Die Pause‹ einreicht. Ebenfalls noch im Mai beginnt er die Arbeit an einem Roman mit dem Titel ›Am Rande der Kirche. Tagebuch eines Sünders‹, ein in Stil und Motiven vor allem von der im Werk Léon Bloys zentralen Thematiken der Armut, der Absolutheit des Glaubens und der Kritik der Bürgerlichkeit bestimmter Text, in den darüber hinaus zahlreiche, die eigene Lektüre dieser Zeit einspiegelnde Bemerkungen zu Chesterton und Dostojewski, aber auch über Rainer Maria Rilke, Hermann Hesse oder Homer eingehen.

Nach Abschluss des Sommersemesters am 29. Juli 1939 arbeitet Heinrich Böll in der Kölner Schokoladenfabrik Gebrüder Stollwerck AG – vermutlich zur gleichen Zeit wie sein Bruder Alfred, der vom 1. bis 22. August 1939 als so genannter Werkstudent eingestellt worden war. Es werden Heinrich Bölls letzte Wochen ohne Uniform sein. Als mit Gestellungszeit 4. September 1939 der Einberufungsbescheid eintrifft, beginnen jene 2047 Tage und Nächte, in denen er die von ihm stets als »Kerker« empfundene Uniform zu tragen hatte. Ab diesem 4. September ist er als Soldat der Deutschen Wehrmacht »gefangen«.

Erst heute ermesse, begreife ich den tödlichen Schrecken, der meine Eltern und Geschwister ergriffen haben muß, als ich dann zwischen abgebrochener Buchhandelslehre und Arbeitsdienst, zwischen Februar und November 1938, noch nicht einundzwanzigjährig – und mitten im etablierten Nazischrecken! – mich tatsächlich als »freier« Schriftsteller versuchte.

›Was soll aus dem Jungen bloß werden?‹ (1981)

»Als der Krieg ausbrach« Deutschland – Polen – Frankreich – Russland – Ungarn

Am 28. August 1939 rückt Heinrich Böll in die Winkelhausen-Kaserne an der Netter Heide in Osnabrück ein. Am 3. September – zwei Tage nach dem deutschen Überfall auf Polen – wird er auf den »Führer und Reichskanzler« vereidigt. Erst nach seiner Ausbildung zum Schützen wird er zum Kriegseinsatz herangezogen.

Die Stationen des Schützen, 1941 dann Gefreiten und ab dem 1. September 1943 Obergefreiten Heinrich Böll heißen nach Osnabrück von 1940 an zunächst Bromberg/Polen und Amiens/Frankreich. Von Amiens aus, wo er aufgrund einer Ruhr-Erkrankung längere Zeit im Lazarett verbringen muss, wird Heinrich Böll Ende 1940 zum Ersatz-Truppenteil seiner Einheit, dem Infanterie-Regiment 77, nach Mülheim an der Ruhr verlegt. Nach mehreren Wochen Wach- und Kasernendienst erfolgt Ende des Jahres seine Einquartierung zunächst in Lüdenscheid und Bielefeld, Anfang 1941 dann in seiner Heimatstadt Köln. Gut eineinhalb Jahre wird er dort als Angehöriger verschiedener Kom-

panien der Landesschützen vorwiegend zum Objektschutz sowie gelegentlich zur Zugbegleitung eingesetzt.

Im Frühsommer 1942 gelangt er als Besatzungssoldat nach Frankreich, wo er an verschiedenen, meist in der Nähe der Atlantikküste gelegenen Standorten (u. a. Le Tréport, Saint-Valéry-sur-Somme, Mollière d'Avall) bis zum 28. Oktober 1943 verbleibt. In diese Zeit fällt die Heirat mit Annemarie Cech, die er als Freundin seiner Schwester Mechthild aus deren Schul- und Universitätszeit kennen gelernt hatte. Die Ehe wird am 6. März 1942 standesamtlich in Köln geschlossen. Am 31. Dezember 1942, während eines Heimaturlaubs in Köln, findet die kirchliche Trauung in St. Paul statt.

Gewissermaßen mit dem letzten Aufgebot aus dem Westen wird Heinrich Böll 1943 an die so genannte »Ostfront« verlegt, die, im Zusammenbruch begriffen, allen eventuell noch verbliebenen idealistischen Vorstellungen des Soldaten Böll über die »Attraktion« des Fronterlebnisses – natürlich kennt auch er die einschlägigen Kriegsbücher eines Beumelburg, Binding und Jünger – schnell den Garaus macht. Der Mythos Fronterlebnis, in dessen Kreis einzutreten ihn Mitte Juni 1940 – vor der Ver-

13 Der Gefreite Heinrich Böll um 1941

◀ 12 Bölls Kaserne in Osnabrück 1939

Heinrich Böll in der Kriegszeit

28. August: Böll rückt in die Winkelhausen-Kaserne an der Netter Heide in Osnabrück ein
3. September: Vereidigung als Soldat (Schütze) der deutschen Wehrmacht und Zuweisung zur 3. Kompanie des 484. Infanterie-Ersatz-Bataillons

1940

26./27. Juni: Verlegung nach Bromberg/Polen
2. August: Verlegung nach Frankreich. Böll wird der 1. Kompanie (I. Bataillon) des Infanterie-Regiments 77 der 26. Infanterie-Division zugeteilt, das in Beaucourt-sur-l'Hallue einquartiert ist.
27. August: Einweisung ins Kriegslazarett in Dury bei Amiens mit Verdacht auf Ruhr
28. September: Entlassung aus dem Kriegslazarett und Fahrt nach Deutschland zum Ersatztruppenteil des 77. Infanterie-Regiments nach Mülheim a. d. Ruhr
18. Dezember: Verlegung zur Landesschützen-Ersatz-Kompanie 4/460 der 306. Infanterie-Division z. b. V. (zur besonderen Verwendung) nach Lüdenscheid in die Markgraf-Karl-Kaserne
21. Dezember: Verlegung nach Bielefeld, Diesterwegschule, Rohrteichstraße

1941

14. Januar: Verlegung in die Wendelinschule, Köln-Müngersdorf
24.–30. Juni: Einsatz in Wesseling
27. September–4. Oktober: Wachkommando in Wesseling

1942

22. Januar: Verlegung in die Barbarakaserne, Amsterdamer Straße 138 in Köln-Riehl
31. Januar/1. Februar: Verlegung in die Hackethäuer-Kaserne, Von-Sparr-Straße 1 in Köln-Mülheim
2.–9. März: Hochzeitsurlaub
6. März: Standesamtliche Trauung mit Annemarie Cech im Kölner Rathaus
24./25. März: Verlegung in die Infanterie-Kaserne Köln-Kalk, Lilienthalstraße
7. Mai: Versetzung nach Frankreich
8. Mai: Ankunft in St-Omer
9. Mai–16. Juni: Unterkunft in Bientques; Böll wird der 9. Kompanie des Infanterie-Regiments 240 der 106. Infanterie-Division zugewiesen.
30./31. Mai: »1000-Bomber-Angriff« auf Köln. Annemarie und Heinrich Bölls Wohnung in der Kleingedankstraße 20 wird unbewohnbar. Annemarie Böll zieht kurzzeitig zu

Heinrich Bölls Eltern, Karolingerring 17
19.–21. Juni: Böll erhält »Sonderurlaub für Bombengeschädigte«; Rückfahrt nach Frankreich
27. Juni: Unterkunft in Campagne-les-Guînes
6.–15. Juli: Verlegung an die Küste und Einsatz am Cap Gris-Nez
1. Oktober: Verlegung nach Rouen; im Rahmen der Neuaufstellung der 348. Infanterie-Division wird Böll der 1. Kompanie des (Festungs-)Infanterie-Regiments 863 zugewiesen.
10.–11. Oktober: Quartier in Louviers, südlich von Rouen
12.–24. Oktober: Verlegung nach Léry, nördlich von Louviers
25. Oktober: Verlegung nach Pont-de-l'Arche, nordwestlich von Louviers
23. November: Marsch von Quincompoix (Longe aux Pauvre) über Neufchâtel-en-Bray, Blangy-sur-Bresle, Gamaches, Freuquières-en-Vimeu, Ochancourt zur Küste
25. November: Ankunft in Saint-Valéry-sur-Somme
26. Dezember: Beurlaubung nach Köln; am 31. Dezember dort kirchliche Trauung in St. Paul in der Vondelstraße

1943

13. Januar: Verlegung von Saint-Valéry-sur-Somme nach Tully
24. Februar: Versetzung in das Küstenstädtchen Le Tréport. Tätigkeit in der Kommandantur
15. März: Fahrt nach Paris zur Dolmetscherprüfung
18. März: Rückkehr nach Le Tréport
26. Mai: Verlegung nach Tully
1. September: Böll wird Obergefreiter.
2. Oktober: Versetzung zur 10. Kompanie (III. Bataillon) des Infanterie-Regiments 863 der 348. (bodenständigen) Infanterie-Division nach Cayeux-sur-Mer
11. Oktober: Verlegung nach Yzengremer, 10 km östlich von Cayuex-sur-Mer
28. Oktober: 19.22 Uhr Transport in den »Osten« vom Bahnhof Woincourt; um 19.55 Uhr wird ein Attentat auf den Zug verübt, bei dem Böll verletzt wird; die Fahrt wird am 31. Oktober von Eu aus fortgesetzt.
10. November: Der Transportzug erreicht Kalinovka in Russland, 25 km nördlich von Winniza
11. November: Flug von Odessa auf die Kertsch-Halbinsel
12. November: Zuteilung zur 1. Kompanie des 121. Infanterie-Regiments der 50. Infanterie-Division; das I. Bataillon (1.–4. Kompanie) des 121. Infanterie-Regiments wird zu dieser Zeit der 98. Infanterie-Division unter-

stellt und in der nördlich von Kertsch gelegenen Ortschaft Bulganak eingesetzt.
20. November: Fußverletzung durch Granatsplitter
2. Dezember: Kopfverletzung und Transport zum Hauptverbandsplatz
6. Dezember: Flug nach Odessa, Aufnahme ins Kriegslazarett 2/606. Entlassung in ein Feldlazarett am 12. Dezember
22. Dezember: Verlegung nach Radschelnaja

1944
6. Januar: Verlegung nach Odessa
15. Januar: Verlegung nach Selz am See, Transnistrien, dann nach Stanislau (20. Januar), Kriegslazarett 3/601; nach der Entlassung am
23. Februar: Fahrt nach Köln; Böll bleibt dort bis zur Abfahrt am 1. März nach St-Avold; dort Grenadier-Ersatz-Bataillon 485/ Genesenden-Kompanie
11. März: Antritt eines vierzehntägigen Erholungsurlaubs in Ahrweiler
26. März: Rückkehr nach St-Avold und Versetzung zum Grenadier-Ersatz-Bataillon 465
4. April: Antritt eines nochmaligen vierzehntägigen Erholungsurlaubes
17. April: Rückkehr nach St-Avold zur Truppe
27. April–2. Mai: Sonderurlaub nach Ahrweiler aufgrund des Luftangriffs auf Köln vom 21. April (Wohnung in der Neuenhöfer Allee 38 beschädigt)
2. Mai: Fahrt nach St-Avold
9. Mai: Verlegung nach Bitsch-Lager in Russland
17. Mai: Verlegung nach Jassy
29. Mai: Ankunft bei der 6. Kompanie des Grenadier-Regiments 212 der 79. Infanterie-Division
31. Mai: Böll wird bei Stanca 10 km nördlich von Jassy verwundet; mit Lazarettzug nach Sinftu Gheorge (Sepsiszentgyörgy, Ungarn); dort wird er am
4. Juni: in der Krankensammelstelle aufgenommen.
15. Juni: nach Debrecen
10. Juli: nach Szentes
31. Juli: Entlassung aus dem Kriegslazarett von Szentes; Fahrt nach Metz zum Ersatztruppenteil des 212. Infanterie-Regiments
5. August: Ankunft in Metz
9. August–7. September: Urlaub bei der Familie in Ahrweiler
6. September: Aufnahme in die Dr. von Ehrenwall'sche Klinik in Ahrweiler
16. September: nach Dresden, Reservelazarett V
29. September: Entlassung aus dem Reservelazarett; zwölftägiger Genesungsurlaub; Fahrt nach Ahrweiler
11. Oktober: aufgrund eines (herbeigeführten) Fieberanfalls Verlängerung des

Genesungsurlaubes bis zum 19. Oktober
21. Oktober: Aufnahme ins Kriegslazarett 2/612 in Bad Neuenahr
3. November: Tod der Mutter
6. November: Entlassung aus dem Kriegslazarett; Sonderurlaub vom 6. bis 17. November
7. November: Bestattung der Mutter in Ahrweiler
17. November: Umzug der Familie nach Marienfeld in den von Alois und Maria Böll mit drei Kindern seit August bewohnten Pfarrsaal
21.–25. November: Revierbehandlung in der örtlichen Krankenverteilungsstelle Bonn
8. Dezember: Böll wird »Marschunfähigkeit« bescheinigt.
18. Dezember: Fahrt nach Mainz
19. Dezember–3. Januar: Rückfahrt mit Urlaubseintrag »Sonderurlaub Todesfall«

1945
4.–11. Januar: Fahrt von Marienfeld über Mainz nach Rußheim; Genesenden-Kompanie 208
16. Januar: Beurlaubung bis 31. Januar; Fahrt nach Marienfeld
31. Januar: Anerkennung als »nicht reisefähig« bis 5. März; Böll manipuliert seinen Urlaubsschein und verlängert ihn bis zum 25. März.
26. März: Böll meldet sich bei der Versprengten-Sammelstelle im rechtsrheinischen Röttgen bei Marienfeld zur Truppe zurück; Zugehörigkeit zum 943. Infanterie-Regiment der 353. Infanterie-Division; Einsätze in Birk, Niederauel, Oberauel als Brückenwache und Beobachtungsposten
9. April: Böll wird bei Kämpfen um den Weiler Bruchermühle nördlich Denklingen bei Waldbröl um 19.30 Uhr gefangen genommen.
10. April: Transport in ein Sammellager bei Andernach
12. April: Transport nach Namur (Ankunft 14. April)
15. April: Ankunft in Attichy bei Soissons
29. Juli: Geburt des Sohnes Christoph Paul († 14. Oktober 1945)
14. August: Abfahrt von Attichy ins belgische La Hulpe
11. September: über Flandern wird Böll in das Kriegsgefangenen-Entlassungslager Weeze überführt.
15. September: Fahrt von Weeze über Krefeld und Köln nach Bonn; Böll wird aus dem städtischen Durchgangslager, das auf Anordnung der Militärregierung auf der hinter der Universität gelegenen Hofgartenwiese eingerichtet wurde, entlassen.

legung nach Frankreich zum Einsatz bei dem als »Operation Seelöwe« geplanten Landungsunternehmen in England – noch »froh« sein ließ, »vom Kasernen-Militarismus zum Feldsoldatentum« überwechseln zu können, wird nachhaltig erschüttert. Dann bedarf es, wie noch zuvor »keiner Frage für einen jungen Mann, der weder Frau noch Kinder (und Kegel) hat«, welches Leben menschen- und mannwürdiger« sei. Die Entmythologisierung erfolgt gründlich: Dass der Krieg »grausam, böse und schrecklich ist«, weiß und schreibt er nun Mitte November 1943 von der Krim-Halbinsel, auf der er in der Nähe von Kertsch eingesetzt und dort am 12. Dezember 1943 durch Granatsplitter am Kopf schwer verwundet wird. Nach fast zweieinhalb Wochen an der Front und einem Aufenthalt im Feldlazarett wird er zur Genesung nach St-Avold in Lothringen verbracht. Von hier aus geht es im Mai 1944 noch einmal in den Osten zurück: diesmal an die rumänische Front bei Jassy. Am 31. des Monats wird Heinrich Böll bei Kämpfen nördlich

14 Die Frischvermählten vor dem Kölner Rathaus 1942

Annemarie Cech wurde am 23. Juni 1910 in Pilsen als zweites Kind des Oberkommissärs der k. u. k. Oesterreichischen Staatsbahnen Eduard Cech (25. April 1867–10. März 1916) und seiner Frau Stephanie, geborene Hagen (26. Dezember 1883–25. Dezember 1915), geboren. Nach dem nur wenige Monate auseinander liegenden Tod ihrer Eltern wurde sie zusammen mit ihrem älteren Bruder Paul (1. März 1909–15. November 1941) von den in Köln lebenden Großeltern mütterlicherseits, dem Rechnungsrat und Justizhauptkassenrendanten Paul

Jassy wiederum schwer verletzt. Eine Odyssee durch verschiedene Kriegslazarette im rückwärtigen Ungarn, über deren Umstände und Stationen die wesentlich autobiografisch bestimmte Erzählung ›Die Verwundung‹ berichtet, schließt sich an. Bölls Urteil nach diesem erneuten Fronterlebnis: »Das Leben ist grausam, und der Krieg, jeder Krieg ist ein Verbrechen; für immer bin ich absoluter Antimilitarist geworden in diesen letzten Monaten elender Quälerei« (11. Mai 1944). »Ich hasse den Krieg [...]. Gott weiß, ich kenne nun den Krieg, alle und jede Möglichkeit [...] glaube nichts«, heißt es dann in einem Brief vom Juni 1944, wenige Wochen nach seiner Verwundung. Und schließlich: »Ich weiß jetzt, daß der Krieg ein Verbrechen ist – ich hasse die Hölle der Uniform, überhaupt die Uniform an sich.«

Aus dem Kriegslazarett entlassen, erreicht Heinrich Böll am 5. August 1944 den Standort seines Ersatztruppenteils, die Hauptstadt des französischen Départements Metz. Hier allerdings kann er einen vierwöchigen Urlaub ins rheinische, unweit von Köln gelegene Ahrweiler durchsetzen, wohin sich die Eltern sowie seine Frau infolge der zahlreichen Bombenangriffe auf Köln umquartiert hatten. Hier erkrankt Heinrich Böll und hält sich in der Folge mitunter durch selbst herbeigeführte Fieberanfälle auch krank, so dass er sich auf diese Weise bis zum 26. März 1945 von der Wehrmacht fern halten kann. Ein manipulierter, den Urlaub um 20 Tage verlängernder Urlaubsschein trägt das Seinige dazu bei. Als Böll sich dann doch, aus Sorge, seine Entziehungsversuche könnten entdeckt und nicht nur für ihn, sondern auch für seine Familie unabsehbare Konsequenzen haben, am 26. März 1945 bei einer Versprengten-Sammel-

---

Hagen und seiner Frau Maria Hagen, geborene Imdahl, Köln-Nippes, Bülowstraße 26, aufgenommen. Der jüngere Bruder Eduard (30. September 1912–14. November 1980) blieb bei der Großmutter väterlicherseits in Böhmen. In Köln besuchte sie zunächst die katholische Volksschule in der Kretzerstraße 5 in Nippes, anschließend die mit Kloster und Kirche der Ursulinen verbundene Studienanstalt und Frauenschule der Ursulinen, Machabäerstraße 45–47, an der sie zu Ostern 1930 ihr Abitur ablegte. Am 14. April 1930 immatrikulierte sie sich an der stelle meldet, wird er einer Division zugeteilt, deren Mannschaften zumeist zu Brückenwachen oder als Beobachtungsposten herangezogen wurden. Bereits kurz darauf, am 9. April, gerät Heinrich Böll bei Kämpfen um den Weiler Bruchermühle nördlich des kleinen Ortes Denklingen bei Waldbröl in amerikanische Gefangenschaft, wird tags darauf in ein Sammellager bei Andernach verbracht und von dort aus zunächst nach Namur (Frankreich) abtransportiert. Am 15. April schließlich erfolgt die Verlegung in das amerikanische Kriegsgefangenenlager Attichy bei Soissons, wo Böll bis zum 14. August 1945 inhaftiert bleibt. Aus Attichy entlassen, kommt er über die Zwischenstation La Hulpe (Belgien) am 11. September im Kriegsgefangenen-Entlassungslager in Weeze/Niederrhein an, der letzten Station vor seiner endgültigen Entlassung in Bonn.

Heinrich Böll schreibt – so nur irgend möglich – nahezu täglich in die Heimat. Dabei dient das Schreiben zunächst der Mitteilung von allgemeinen Informationen und Alltäglichem. Nur so kann die Verbindung gehalten werden. Zunehmend wird es ein Schreiben, dessen Mitteilungen einer wie zerfallend wahrgenommenen Existenz, einem drohenden Nichts abgewonnen werden müssen. Dieses Nichts war die Wirklichkeit des Krieges, war – wie Böll mehrfach mit einer Wendung aus Ernst Wiecherts Roman ›Jedermann‹ nach Hause schreibt – die Beschädigung des »Inneren« durch eine aufgenötigte Existenz und deren als sinnloser Zwang empfundenen Formen. »Wer den Krieg beschreiben will und von Blut und Trommelfeuer erzählt, ist ein Tor. […] Der Krieg […], das ist, daß unser Herz leer ist«, war bei Wiechert zu lesen. Das Gelesene formt Bölls

Universität Köln für die Fächer Deutsch und Englisch, deren Studium sie mit Mittelschullehrerexamen am 16. November 1933 abschloss. Während dieser Zeit wurde sie mit Heinrich Bölls älterer Schwester Mechthild bekannt. Durch Vermittlung des Akademischen Auslandsamtes der Universität Köln erfolgte im Rahmen eines dreiwöchigen Ferienlagers ein Aufenthalt in England. Nach Abschluss des Studiums arbeitete sie, da sich andere Möglichkeiten als Lehrkraft nicht boten, zunächst einige Monate lang als Stenotypistin in einem kauf-

Perspektive für die Realität: »Das ist der Krieg: eine überfüllte, schmuddelige Schenke, Feldwebel und Soldaten und eine grausame sentimentale Mischung vom Radio, Qual und Singerei, Hafenleute und mitten, mittendrin ein großes Billard.« Oder: »Der Stumpfsinn ist wahnsinnig, wirklich eine Fülle von elendem Stumpfsinn; wenn ich nur einen Menschen hätte, mit dem ich sprechen könnte!« – »Dieser ganze wahnsinnige Kasernenrummel ertötet in mir jeden Gedanken an die Möglichkeit eines Lebens.« – »Ich leide jede Sekunde maßlos unter meinem uniformierten Zustand, jede Sekunde, wenn ich nicht bei Dir oder zu Hause bin.« – »Warten müssen ist doch das Schlimmste. […] Wir warten immer auf irgend etwas, auf Versetzung, Einsatz, Urlaub, auf die Erfüllung oder Dementierung irgendeines Gerüchts, und wenn nicht auf eines von diesen Dingen, so warten wir doch letztlich immer auf unsere Entlassung. Auf die Entlassung warten wir mit ähnlichen Gefühlen wie die gläubigen Juden auf den Messias. […] Oh, auf solche Dinge warten, die an sich gewiß sind, aber zeitlich nicht festgelegt, weißt Du, daß das die Hölle auf Erden ist.«

Der Überdruss an als sinnlos empfundenem militärischem Drill, die bedrückende Langeweile, der Stumpfsinn des Kasernen- und Wachdienstes, aber auch die Ödnis des als »Kameradschaft« beschworenen Miteinanders – »das Geschwätz und der Stumpfsinn der Kameraden bedrückt mich«: Zusammengenommen bestimmt sich daraus das, was für Böll sein Leiden an der Situation ausmacht, aber auch und damit eng verknüpft, sein Ausweichen in die Form einer Ausnahme-Existenz bestimmt. So schreibt er, durchaus im Bewusstsein einer zur Erfüllung künftiger

männischen Unternehmen. Nach Beendigung dieser Tätigkeit und weiterhin ohne Anstellung als Lehrkraft schloss sich 1935 ein einjähriger Aufenthalt in dem im Nordwesten Englands in der Nähe von Liverpool gelegenen Ort Upton an. An der dortigen Klosterschule Upton Hall übernahm Annemarie Cech die Stellung einer Aushilfslehrkraft, mit allerdings vorwiegend außerhalb des Unterrichts gelegenen betreuerischen Aufgaben. Nach ihrer Rückkehr im Jahr 1936 arbeitete sie zunächst in der 1919 als Jugendsanatorium und Privat-

Aufgaben bewahrenden Obhut, die der erlebten Gegenwart Sinn geben soll, am 12. Februar 1941: »Gott hat mir nicht umsonst eine so tiefe Empfindsamkeit gegeben und hat mich nicht umsonst so leiden lassen, ich habe gewiß eine Aufgabe zu erfüllen, von der ich selbst vielleicht nicht einmal etwas ahne; er wird mir die Kraft und die Möglichkeit lassen, diese Aufgabe zu erfüllen.« Dabei ist vor allem das Leiden die Kategorie, denn »wenn ich nicht an Christus glaubte, an die Wahrheit, die Wirklichkeit des Kreuzes, dann lebte ich einfach nicht, dann litte ich nicht, dann wäre ich einfach nichts; das weiß ich«.

Die Briefe Bölls sind zuweilen voll mit Andeutungen, Plänen, Erwartungen und Hoffnungen auf eine von einem neuen christlichen Geist bestimmte Zeit. So schreibt er etwa im Dezember 1940 an Annemarie Cech, er wolle »ganz nüchtern, ganz konkret versuchen, mit Dir – und zusammen mit unseren Brüdern und Freunden und Schwestern – ein neues Geschlecht zu gründen«, dass er nicht nur eigene Kinder haben möchte, sondern auch wünsche, »daß unsere Freunde alle viele Kinder haben, damit dieses neue, junge Geschlecht nicht so grenzenlos einsam ist in seiner Generation wie wir; damit es seine Kraft nicht zu erschöpfen braucht im Schutz gegen eine Umwelt von Dummköpfen, sondern seine Kraft nutzen kann für eine christliche Kultur. […] Ich glaube gewiß, daß ein neuer Geist in Europa herrschen wird – noch ›neuer‹ als der jetzige, und es ist gewiß unsere Aufgabe, ›das Christentum fortzupflanzen‹. Du weißt wohl, wie ich es meine. Es ist eine Häresie, was ich da gesagt habe, aber in Gänsefüßchen geht es glatt durch die Zensur. Wir haben wirklich eine Aufgabe, und sie ist

nervenklinik von Dr. Kurt Isemann (1886–1964) gegründeten Heil- und Erziehungsanstalt in Nordhausen im Harz. Ende 1936/Anfang 1937 wieder nach Köln zurückgekehrt, nahm sie – zusammen mit Mechthild Böll – an einem Umschulungslehrgang zur Volksschullehrerin (1. Mai 1937–1. Oktober 1937) teil und unterrichtete ab dem 5. Dezember 1938 zunächst an der katholischen Volksschule, Gellertstraße 4–6, dann ab dem 30. August 1940 als Mittelschullehrerin an der Städtischen Mittleren Mädchenschule I in Köln, Rothgerberbach 15, an so groß, daß sie mich erfreut; und glaubst Du mir, daß ich – einfach gesagt – darauf brenne, an dieser großen Arbeit mitzutun, das Christentum nicht verschwinden zu lassen. [...] Ich will leben und nicht so leichenhaft hier herumvegetieren, das ist das Ganze. [...] Ich will geduldig auf das Ende warten, und ich bete zu Gott, daß er mir Geduld schenkt und mir die Kraft des Geistes und des Leidens erhält bis zu dem Tage, wo die große und reale Aufgabe beginnt, mich in ihren Sold zu nehmen.«

Bei aller Orientierung auf die künftige Gestalt einer christlich bestimmten »Kultur« bleiben die realen Verhältnisse Deutschlands nicht unbemerkt. Trotz des Nationalbewusstseins, das Böll mitunter in sich trägt, finden sich kritische Anmerkungen, deren Mitteilung unter den Bedingungen, unter denen sie – angesichts stets möglicher Postzensur – aufgezeichnet werden, für den Schreibenden nicht ganz ungefährlich sind. »Ich liebe Deutschland wirklich, wenn ich auch manche Erscheinungsform und manches typisch Deutsch-Bürgerliche hasse, so liebe ich doch Deutschland, glaube es mir. Ich glaube, niemand anderm könnte ich das sagen! Fast schäme ich mich. Ich hasse alles das maßlos, was Deutschland entstellt, und das ist leider oft das Geschrei derer, die Deutschland vertreten; aber ich liebe Deutschland.« – »Oft überfällt mich wie ein Schatten der schreckliche Argwohn, ob nicht dieses Unternehmen wirklich nur ein unheilvolles Abenteuer weniger verantwortungsloser Existenzen war! Aber ich kann nicht, ich kann nicht den Glauben an die Möglichkeit Deutschlands fallenlassen, wenn auch unser Volk, so wie es jetzt ist, eine gottlose und fast kulturlose Masse ist; vielleicht erhebt uns

der sie bis zur Schließung der Kölner Schulen 1944 tätig blieb.

Ich habe wirklich eine Wandlung durchgemacht in diesen vier Jahren, seit ich beim Militär bin.

Feldpostbrief vom 20. August 1943

dieser Krieg! Wir wollen keinen einzigen Tag vergehen lassen, ohne Gott zu bitten für alle diese Opfer des Krieges! Dieses vollkommen wahnsinnigen Krieges.«

Aber trotz aller in den Briefen durchscheinenden Kritik und im Widerspruch zu ihr frappiert die gelegentlich ausgesprochene Vorstellung, dass »wir den Krieg gewinnen« bzw. »gewinnen müssen«. Allerdings darf bei den Äußerungen die psychologische Situation der durch die gängigen Schreckensbilder genährten Angst vor den unabsehbaren Folgen einer Niederlage, wie die auf Truppentransportfahrzeugen angebrachte Parole »Sieg oder Sibirien« anzeigen sollte, nicht unterschätzt werden. Deutlich zeigt sich in einem an Weihnachten 1943 verfassten Brief an die Eltern, in dem gleich zweimal erwähnt wird, den »Krieg gewinnen zu müssen«, dass diese Vorstellung der eigenen Beruhigung und der seiner Familienangehörigen dienen sollte und kein Ausdruck einer der nationalsozialistischen Ideologie folgenden Überzeugung war.

In einem Interview bemerkte Heinrich Böll 1977, dass er »kein Widerständler« gewesen sei. Wenn er auch dies nicht war, so zeigen doch die Briefe, dass er als »wilder und fanatischer Individualist«, wie er sich im Brief vom 17. Mai 1942 deklariert, »widerständig« gegen den uniformierenden, menschenverachtenden Geist der Zeit war. Er war ein junger Deutscher, der seinen zum Schriftsteller führenden Lebensentwurf durchkreuzt sah: »Ach, der Krieg hat unsere Jugend mit Beschleunigung gefressen.« »Wir haben keine ›Jugend‹ gehabt, die hat wirklich mit Haut und Haaren dieser verbrecherische Krieg gefressen, dieser Wahnsinn.«

[…] dieses Dahinvegetieren, immer inmitten völliger – absoluter!! – Ungeistigkeit hat mich fast ermordet, fast, noch nicht ganz, und es wird mich nicht ermorden, dafür ist mein vernichtender Haß zu lebendig; ach, ich hege und pflege und liebe diesen lebendigen Haß; ohne den wäre ich längst verloren.

Feldpostbrief vom 12. Februar 1941

»Mein eigentliches Gebiet …«
Schritte in die literarische Öffentlichkeit

Am 11. September 1945 erreicht Heinrich Böll nach seiner Überführung vom Kriegsgefangenenlager in Attichy nach La Hulpe das Kriegsgefangenen-Entlassungslager Weeze/Niederrhein, erhält hier einen Tag später seine Papiere, kommt am 15. September nach Bonn und hier in das auf Anordnung der Militärregierung hinter der Bonner Universität eingerichtete Durchgangslager, das er noch am gleichen Tag verlassen kann. Für Böll beginnt die Nachkriegszeit – geprägt zunächst von den »fürchterlichen Erinnerungen an den Krieg, die nun erst heraufkommen, wo man jeden Tag im Bett schläft«, schreibt er noch am 8. Februar 1948 an Ernst-Adolf Kunz, die zunächst jeglichen Versuch literarischer Produktivität im Keim ersticken. Andere Sorgen stehen im Vordergrund.

Das erste Ziel nach seiner Entlassung ist die rechtsrheinisch gelegene Ansiedlung Neßhoven bei Much, in der sich die Böll-Familie zusammengefunden hatte und in der Heinrich Böll sich am 17. September 1945 polizeilich meldet. Hier konnte er zum ersten Mal mit seinem am 20. Juli geborenen Sohn Christoph zusammen sein, allerdings nur kurz: Christoph Böll starb am 14. Oktober 1945 an Brechdurch-

15 Das zerstörte Köln 1945

fall, der sich infolge der schlechten Ernährung einstellte und mangels Medikamenten nicht behandelt werden konnte.

Die Suche der Bölls nach einer geeigneteren Unterkunft, die die Rückkehr nach Köln ermöglichen würde, führt bereits im Spätsommer in die im Kölner Stadtteil Bayenthal gelegene Schillerstraße, in der – halb zerstört – ein Haus gefunden und, wie es Böll später bezeichnete, in der folgenden Zeit »instandbesetzt« wird. Das am 22. August 1945 übernommene Haus kann in der ersten Zeit durch die Gegenleistung, die die neuen Bewohner durch ihre Renovierungsarbeiten erbrachten, mietfrei genutzt werden. Das Haus gehörte der Deutschen Bau- und Bodenbank, Köln, zu der Alois Böll aufgrund von Arbeiten, die er früher für sie ausgeführt hatte, in Kontakt stand.

Nach und nach ziehen die Bölls aus Neßhoven in den Kölner Süden, bis zuletzt, Anfang 1946, neben Annemarie und Heinrich Böll (die zwei Zimmer in der ersten Etage beziehen), Viktor Böll, die Schwestern Gertrud und Mechthild sowie Alois mit seiner Frau Maria und ihren vier Kindern in der Schillerstraße 99 wohnen. Alfred Böll, der sich zunächst nach Siegburg orientiert hatte, bezog mit seiner Familie im Februar 1948 ebenfalls ein Haus in der Schillerstraße, das wenige Grundstücke entfernt lag.

Noch nicht erholt und aufgrund seiner Kriegsverletzungen nur »beschränkt einsatzfähig«, aber der Not gehorchend, arbeitet Heinrich Böll ab Oktober 1945 als Hilfsschreiner, Bauarbeiter und Bürohilfe in der Schreinerei seines Bruders Alois. Annemarie Böll, die ihre Unterrichtstätigkeit nach dem Krieg nicht unmittelbar wieder aufnehmen kann – die Schule am Rothgerberbach, in der sie un-

---

Das Elend ringsum in unserer niedergerissenen Stadt erdrückt mich jeden Tag aufs neue [...]

Die Universität besuche ich alle halbe Jahre einmal – was soll mir das wesenlose Gerede da nützen; meinen Lebensunterhalt verdiene ich im Moment bei meinem Bruder als Hilfsarbeiter [...] Und meine eigentliche Arbeit, meine große Freude und meine große Not ist, daß ich abends schreibe; ja, ich habe das Wagnis begonnen und schreibe [...] Im nächsten Jahr hoffe ich Dir ei-

terrichtet hatte, war zerstört –, fällt der Part zu, das Lebensnotwendige zu organisieren. Zusammen mit Heinrich Bölls Schwester Mechthild unternimmt sie mehrmals und oft ergebnislos Fahrten in die nähere Umgebung Kölns auf der Suche nach Brauchbarem und Essbarem.

Einige Monate später meldet sich Heinrich Böll am 20. Mai 1946 an die Universität Köln zurück und schreibt sich für die Fächer Klassische Philologie und Germanistik ein, in denen er in den beiden folgenden Semestern zwar einige Vorlesungen belegt, kaum aber besucht. Die Fortsetzung seines durch die Einberufung zur Wehrmacht unterbrochenen Studiums diente eher dazu, an Lebensmittelkarten zu gelangen. Als er im März 1947 seitens der Universität die Aufforderung erhält, die Exmatrikel zu beantragen – vermutlich hatte er sich nicht rechtzeitig zurückgemeldet –, stellte Böll zunächst zwar noch einen Antrag auf Beurlaubung für das kommende Sommer- sowie das folgende Wintersemester 1947/1948, teilt aber in einem Schreiben vom 16. August 1947 an den Prorektor der Universität mit, dass er sich in den »folgenden Semestern freien schriftstellerischen Arbeiten widmen« wolle und daher seinen »Studienplatz einem anderen Bewerber zur Verfügung« stelle.

»Ich möchte wieder soviel Leben haben, wie ich hatte, und dann, dann will ich – nicht die Toten auferwecken, denn die Toten sollen ihre Toten begraben –, nein, den Ermordeten will ich ein Lied singen.« Diese in der Kriegszeit sich selbst gestellte Aufgabe greift Böll nun wieder auf: »einvernommen«, wie er später sagt, in die Geschichte eines durch den von ihm ausgehenden, ideologisch-weltanschaulich geführten Vernichtungsterror »mit Recht recht-

nige Ergebnisse vorlegen zu können. Es ist ein großes Auf und Ab des Überzeugtseins von mir selbst und des Bewußtseins meiner vollkommenen Unfähigkeit [...]

So übe ich also drei Berufe nebeneinander aus; das kann ja nichts Rechtes werden [...]

Brief an Ernst-Adolf Kunz (15. Oktober 1946)

los« gewordenen Volkes. »Einvernommen in diese Geschichte, die über uns, mit uns und in uns abgelaufen ist«, entsteht im Mai 1946 der erste Text der Nachkriegszeit. Eine auf eigenes Erleben an der Ostfront 1944 zurückgreifende, noch unbetitelte Schlachtbeschreibung, die mit den Worten »Der General stand auf einem Hügel« einsetzt.

Dass sein »eigentliches Gebiet« der »Krieg mit allen Nebenerscheinungen« sei, wie er 1948 gegenüber Ernst-Adolf Kunz bekennt – zu dieser Zeit allerdings schon mit dem Nachsatz »und keine Sau will etwas vom Krieg lesen oder hören« versehen –, bestätigt die Lektüre der Texte, die in dieser Zeit entstanden und bis heute zum Teil unveröffentlicht blieben. Hier beschäftigt sich Böll – der seinen Stoff zunächst aus den Erfahrungen der eigenen Kriegszeit schöpft und dessen Fortschreiben sich im Nachhinein wie zu einer groß angelegten biografischen Erzählung zu fügen scheint – aus der Opferperspektive mit dem Klärungsversuch, den kriegsbedingten Deformierungen nachzuspüren. Zum Aufklärungsprozess wird dieser Versuch in dem Maße, wie zu der zunächst im Vordergrund stehenden Opferperspektive der Blick auch auf die ideologischen Traditionen klassisch-humanistischer Prägung und deren Sinnfortschreibung im für Böll preußisch-deutschen Militarismus fällt, wie etwa in der Erzählung ›Wanderer, kommst du nach Spa ...‹. Hier kehrt der kurz zuvor im Kriegseinsatz verstümmelte Ich-Erzähler in sein zum Lazarett umfunktioniertes humanistisches Gymnasium zurück. In dem Moment, in dem er an der Tafel den Satz »Wanderer, kommst du nach Spa ...«, von ihm selbst wenige Wochen vor seiner Verwundung dorthin geschrieben, liest, erkennt er

Mein literarischer Werdegang ist ungefähr folgender: erste Versuche in sehr grosser Quantität fanden von 1936 bis 1938 statt, dann absolute Flaute, solange ich Soldat war, darüber hinaus bis Ende 1946: Plötzlich Erwachen des literarischen Gewissens und seitdem ununterbrochene Arbeit; erst wiederum sehr quantitativ, aber langsam komme ich ein wenig zur Besinnung und stecke jetzt so sehr in meinen Plänen drin, dass ich es wohl nicht mehr werde »lassen« können. *Brief an Axel Kaun (23. März 1948)* die Korrespondenz seiner Verstümmelung mit dem verstümmelten Satz an der Tafel. Der Zurückkehrende kehrt zu sich, kehrt in den auch von ihm aufgenommenen Geist, dessen Opfer er geworden ist, zurück. Dass sich keiner von dem, was geschah, frei machen kann – diese im und über das Schreiben herbeigeführte Einsicht wird zum mehr und mehr auf die zeitgenössische Situation bezogenen Grundton Böllscher Texte.

Nach Abschluss des ›General‹-Manuskripts setzt Böll vermutlich bereits im Juli 1946 zu einer größeren Arbeit an, die er zunächst bis in den November hinein weiterführt, dann abbricht, im März 1947 wieder aufnimmt und im Mai endgültig abschließt: den gut 200 Manuskriptseiten umfassenden Roman ›Kreuz ohne Liebe‹. In der Vor- und Kriegszeit angesiedelt, befasst sich die Romanhandlung mit der Assimilation an und der Widerständigkeit gegen die nationalsozialistische Weltanschauung am Beispiel zweier Brüder. Die Handlung endet in den ersten Nachkriegstagen, die nicht nur ein Ende des Krieges bedeuten, sondern zugleich einer künftigen Aufgabe Kontur geben, der in thesenhaften Wendungen einer der Protagonisten Ausdruck gibt: »›Mein Gott, was sollen wir tun? Beten

16 Umschlag ›Kreuz ohne Liebe‹. Im Rahmen der »Kölner Ausgabe der Werke Heinrich Bölls« erscheint 50 Jahre nach Abschluss der erste Nachkriegsroman Heinrich Bölls.

und arbeiten?‹ […] ›Ja‹, sagte er, ›beten und arbeiten; uns unserer Freiheit freuen trotz der Gefangenschaft des Hungers; und die Hoffnung auf uns nehmen; und die Wirklichkeit verkünden; jeden Tag unseres Lebens daran denken, daß es kein Traum war, was in diesen sieben Jahren geschehen ist, sondern Wirklichkeit; die Leute werden es wieder vergessen, das Geschlecht der Ahnungslosen wird wieder auf den Thron kommen, und obwohl es fast sicher ist, daß die Ahnungslosen wieder siegen werden, wir wollen die Wirklichkeit verkünden.‹« Diese Sätze verweisen auf den Kern der in der folgenden Zeit entstehenden Texte.

Den abgeschlossenen Roman reicht Heinrich Böll im Juli der Jury eines Wettbewerbs des Augsburger Verlags Johann Wilhelm Naumann ein, den dieser für den »besten Roman, der die weltanschauliche Auseinandersetzung des Christentums mit dem Nationalsozialismus gestaltet«, wie es im ›Börsenblatt des Deutschen Buchhandels‹ vom 29. August 1946 heißt, ausgeschrieben hatte. Das Manuskript geht am 15. April 1948 an Böll zurück. Ein Druck unterbleibt.

Im Oktober 1946 hebt die literarische Produktion vornehmlich kürzerer Texte an, was auch den Bedingungen des literarischen Marktes entsprach. Gekennzeichnet durch noch geringe Produktions- und Vertriebskapazitäten der Verlage, die ihrerseits bedingt waren durch die knappe Papierbewirtschaftung und zunächst auch restriktiv gehandhabter Lizenzvergaben durch die Alliierten, war in der Tat zunächst kürzeren und so in Zeitungen und Zeit-

Das Kollegium sieht in Ihrem Roman (›Kreuz ohne Liebe‹) zwar ein menschliches Dokument und künstlerische Gestaltung, doch tritt die Auseinandersetzung mit dem Nationalsozialismus zu wenig in Erscheinung. Es wird ferner bei der Beurteilung hervorgehoben, daß Sie über dichterische Möglichkeiten verfügen, doch wird dazu bemerkt, daß diese noch sehr der Reifung bedürfen. Die Schilderung des deutschen Heeres wird […] doch als eine zu starke Schwarz-weiß-Schilderung angesehen, die nur aus einer noch nicht objektivierten Erbitterung entnommen wird.

Verlag Wilhelm Naumann an Heinrich Böll (15. April 1948)

schriften publizierbaren Texten der Vorzug zu geben. So entstehen in dichter Folge zahlreiche Kurzgeschichten, mit denen Böll »die ersten Schritte an die Öffentlichkeit wagen« will, wie er am 3. März 1947 an Ernst-Adolf Kunz schreibt.

Mitten in die Zeit der Vorbereitung dieser »ersten Schritte« – zu der parallel die Instandsetzung des Hauses und die Arbeit in der Schreinerei des Bruders weitergeführt werden –, fällt die Geburt des zweiten Kindes, des am 19. Februar 1947 geborenen Sohnes Raimund.

Zu den ersten Adressaten literarischer Texte, die Heinrich Böll nun ab 1947 hartnäckig ihren Weg durch die Redaktionen gehen lässt, gehört der in Koblenz erscheinende ›Rheinische Merkur‹, dem er eine Anfang Februar 1947 abgeschlossene Novelle mit dem Titel ›Vor der Eskaladierwand‹ zusammen mit der im Januar 1947 entstandenen Kurzgeschichte ›In guter Hut‹ Mitte März einreicht. Am 27. März 1947 bestätigt die Redaktion den Eingang beider Texte und stellt für den Text ›Vor der Eskaladierwand‹, der den verhassten Kasernendrill beschreibt, einen Teilabdruck in Aussicht. Am 3. Mai 1947 ist der erste Schritt in die Öffentlichkeit getan und es erscheint Heinrich Bölls Erstlingsveröffentlichung – allerdings um fast vier Fünftel seines ursprünglichen Umfangs gekürzt und unter einer, so Böll später, »mir völlig fremde[n], unpassende[n]« – zeitgenössisch allerdings programmatisch gewählten – Überschrift: »Aus der ›Vorzeit‹«. Als Honorar erhält er 80 Reichsmark.

Einsendungen an weitere Zeitschriften folgen: am 12. Mai 1947 zunächst an die Schriftleitung der ›Frankfurter Hefte‹ »z. Hdn. von Herrn Walter Dirks«, »weil mir Ihr Name

Dem Urteil Ihres Kollegiums unterwerfe ich mich vollkommen, soweit es die künstlerische […] Beurteilung meiner Arbeit belangt. Den Vorwurf, Heer und Krieg zu schwarz-weiss gezeichnet zu haben weise ich zurück. Vielleicht ist dieses Kapitel heute noch schwärzer [zu] schreib[en][,] da sich inzwischen erwiesen hat, daß in Wirklichkeit […] die alten romantisch-patriotischen-militärischen [Ten]denzen wieder Kraft und Gestalt gewinnen.

Bölls Antwort an den Verlag Wilhelm Naumann (10. Juni 1948)

aus den Tagen der RMV [›Rhein-Mainische Volkszeitung‹] noch vertraut ist«. Und es folgt ein Satz, der in zahlreichen künftigen Schreiben wiederholt wird und zeigt, wie isoliert sich Böll in der rheinischen Provinz fühlt und wie sehr er sich mit der Kontaktaufnahme auch die Reaktion erhofft, Zuspruch auf dem noch unsicher betretenen Pfad zu erhalten: »Vielleicht darf ich Sie bitten, mir im Falle der Ablehnung einige Worte einer kleinen Kritik zu gönnen. Als Angehöriger der jüngeren Generation – 29 Jahre alt, davon 7 Jahre einfacher Infanterist und jede Sekunde dieser 7 Jahre im Gefängnis der Uniform fast verzweifelnd – bin ich völlig ohne ›Verbindung‹ und vertraue auf das menschliche und christliche Gesicht Ihrer Zeitschrift.« Böll hatte Dirks vier Texte eingereicht: die im November bzw. Dezember 1946 entstandenen Kurzgeschichten ›Der Flüchtling‹ und ›Wiedersehen mit B.‹ sowie die im April 1947 verfassten Arbeiten ›Vom Schwarzmarkt‹ und ›Aus Amerika‹. Alle vier Manuskripte erhält Heinrich Böll allerdings mit Schreiben vom 18. Juli 1947 zurück.

Etwas anders ergeht es einer Sendung, die er Ende April/Anfang Mai an die Schriftleitung der im Harriet Schleber Verlag, München, erscheinenden Zeitschrift ›Das Karussell‹ richtet. Von den drei übersandten Erzählungen (›Der Dieb‹, ›Der Schulschwänzer‹ und ›Die Botschaft‹) wird eine zur Veröffentlichung zurückbehalten, obgleich sie – wie Moritz Hauptmann, Schriftleiter des ›Karussells‹, in

Texte 1947 bis Mitte 1951 (Auswahl)

Der General stand auf einem Hügel ... (Mai 1946)
Der Flüchtling (November 1946)
Gefangen in Paris (Dezember 1946)
Kreuz ohne Liebe (1947)
Aus der »Vorzeit« (ersch. Mai 1947)
Vive la France! (Mai 1947)
Im Käfig (Mai 1947)
In guter Hut ... (Januar 1947)
Die Botschaft (ersch. 1947)
Todesursache: Hakennase (August 1947)
Der Angriff (ersch. September 1947)
Kumpel mit dem langen Haar (ersch. November 1949)
Ein Hemd aus grüner Seide (ersch. November 1947)
Siebzehn und vier (Januar 1948)

seinem Rückschreiben und auf Heinrich Bölls Frage »nach einer kleinen Kritik« antwortend formuliert – »in mancher Hinsicht noch unreif und vor allem Ihr Stil reichlich sorglos ist. Wir werden die Sache etwas feilen und von den größten Wucherungen befreien. […] Noch eins – Sie wünschen ja eine offene Kritik: Die vielen Pünktchen …, in der Zeit des Jugendstils und des literarischen Impressionismus sehr in Mode, dazu eine Fülle der Semikolons möchten wir Ihnen raten, sich abzugewöhnen. Das sind sehr oft Zeichen der Unsicherheit und Krücken, die kritische Leser nur verstimmen und mißtrauisch machen. Um die Stimmung zu erzeugen und Spannung zu halten, muß der Stil sich selbst vertrauen und sich nicht allzusehr auf die Interpunktion verlassen.« Böll antwortet am 12. Mai mit seinem Einverständnis ›Die Botschaft‹ zu veröffentlichen, »wobei ich voraussetzen darf, daß weder der Titel noch der Inhalt verändert werden. Ich bin mir durchaus über stilistische Schwächen klar, die an meinen Arbeiten haften, obwohl ich meinerseits über Interpunktion wie über ›Sorglosigkeit des Stils‹ meine eigenen Ansichten habe, die ich Ihnen künstlerisch zu erklären bereit wäre, falls ich nicht annehmen müßte, Ihre Zeit allzusehr in Anspruch zu nehmen. Ich bin Ihnen sehr dankbar für Ihre offene Kritik, fühle mich aber doch in manchem mißverstanden; allerdings sind die Arbeiten, die ich Ihnen übersandte, wirklich sehr ungefeilt. Vielleicht darf ich Ih-

Die Verwundung (Januar 1948)
Am Ufer (Februar 1948)
Lohengrins Tod (Februar 1948)
Der Mann mit den Messern (ersch. April 1948)
Jak, der Schlepper (April 1948)
Wiedersehen in der Allee (ersch. Juli 1948)
Wir Besenbinder (ersch. Juli 1948)
In Friedenstadt (August 1948)
An der Grenze (August 1948)
Unsere gute, alte Renée (August 1948)
Aufenthalt in X (August 1948)
So ein Rummel! (ersch. September 1948)
Mein teures Bein (ersch. Oktober 1948)
Der unbekannte Soldat (Oktober 1948)
Auch Kinder sind Zivilisten (ersch. Dezember 1948)

nen noch einmal einige umfangreichere Arbeiten anbieten, die inhaltlich der ›Botschaft‹ mindestens gleichen, ihr stilistisch aber überlegen sind.« Am 31. Mai liefert Heinrich Böll nach: die Erzählungen ›Gefangen in Paris‹ und ›Kumpel mit dem langen Haar‹. Am gleichen Tag schickt er an die Redaktion der in München erscheinenden Zeitschrift ›Die Fähre‹ (später ›Literarische Revue‹) die beiden Kurzgeschichten ›Ein altes Gesicht‹ sowie ›Rendezvous in Trümmern‹. Zugleich an die Schriftleitung von Döblins Monatsschrift ›Das goldene Tor‹ den zuvor von Hauptmann zurück erhaltenen ›Schulschwänzer‹ sowie die im Dezember 1946 niedergeschriebene Kurzgeschichte ›Veronika‹ und den im Februar 1947 verfassten Text ›Der blasse Hund‹. Ebenfalls am 31. Mai gehen ›Der Fremde‹ und ›Vive la France!‹ an den Bonner Röhrscheid Verlag. Zuvor hatte Böll erneut an den ›Rheinischen Merkur‹ eine Sendung mit diversen Typoskripten adressiert: Am 25. Mai sendet er an den Literaturredakteur, Konrad Legat, die Kurzgeschichten ›Der Dieb‹, ›Im Käfig‹ und ›Der Angriff‹. »So habe ich«, schreibt er am 4. Juni an Ernst-Adolf Kunz resümierend »im ganzen 17 kleine Geschichten bei verschiedenen Zeitschriften und Verlagen unterwegs, und warte natürlich mit Spannung auf das Echo.«

Im August 1947 erscheint ›Die Botschaft‹ im ›Karussell‹; Böll erhält ein Honorar von 145 Reichsmark. Am 13. September erfolgt – erneut im ›Rheinischen Merkur‹ – der Erstdruck von ›Der Angriff‹ (Honorar 250 Reichsmark);

Deutsche Tüchtigkeit (1948)
Aus dem Hort der Nibelungen (1948)
Die Sippe Esaus (1948/1949)
Die Toten parieren nicht mehr (Januar 1949)
An der Brücke. ›Der Ruf‹ (Februar 1949)
Die Geschichte der Brücke von Berkowo (Februar 1949)
Ich kann sie nicht vergessen (Februar 1949)
Wiedersehen mit Drüng (Februar 1949)
Mein trauriges Gesicht (Februar 1949)
Damals in Odessa (Februar 1949)
In der Finsternis (ersch. April 1949)
Eine optimistische Geschichte (April/Mai 1949)
Trunk in Petöcki (ersch. Mai 1949)

ihm folgen im November der Abdruck der Kurzgeschichte ›Kumpel mit dem langen Haar‹, wiederum in der Zeitschrift ›Karussell‹, sowie im gleichen Monat ›Ein Hemd aus grüner Seide‹ in den ›Hessischen Nachrichten‹.

Zu leben ist von diesen Einkünften nicht. Die einzig regelmäßige und zur Grundsicherung der Familie beitragende Einnahme ist daher das Gehalt, das Annemarie Böll ab September 1947 als Englischlehrerin von der Realschule Severinswall bezieht: 325 Reichsmark – Schwarzmarktwert: »zwei Pfund Mehl, ein halbes Pfund Butter«. Da auch das zum Leben nicht ausreicht, beginnt Heinrich Böll Anfang Februar 1948 erstmals Nachhilfestunden zu erteilen, die sich in der Folge mitunter zu einem Umfang von 40 bis 50 Stunden monatlich ausweiten und die er noch bis 1950 gab – Stunden, gefüllt mit »Latein bis Ende Quinta, Mathematik bis Untertertia und Deutsch bis Operprima«.

Wenn auch mit fünf 1947 erfolgten Publikationen kein Durchbruch in die gesuchte literarische Öffentlichkeit erreicht ist, ein erster, zu einem gewissen Optimismus Anlass gebender Schritt war getan. Zumal bis August 1948, dem Monat, in dem sich Heinrich Böll als freier Schriftsteller niederlässt, weitere Platzierungen in den ›Hessischen Nachrichten‹, im ›Karussell‹, der ›Literarischen Revue‹ sowie in der von Alfred Andersch und Hans Werner Richter herausgegebenen und ab April 1947 von Erich Kuby geleiteten Zeitschrift ›Der Ruf‹ gelingen.

Verlorenes Paradies (Mai 1949)
Grün ist die Heide (vermutlich Mai/Juni 1949)
Der Wellenreiter (Juni 1949)
Das Vermächtnis (August 1949)
Der Zug war pünktlich (1949)
Geschäft ist Geschäft (1949)
Kerzen für Maria (ersch. Februar 1950)
Die Essenholer (16. Juli 1950)
Steh auf, steh doch auf (13. August 1950)
Wanderer, kommst du nach Spa … (ersch. November 1950)
Durchbruch bei Roßapfel (ersch. August 1950)
Beziehungen (zwischen Juni 1950 und April 1951)
Anekdote zum deutschen Wunder (vermutlich 1950/51)
Amerika (vermutlich 1950)
Aschermittwoch (ersch. Februar 1951)

Auch einige Leser werden auf Heinrich Böll aufmerksam. So Axel Kaun, Schriftleiter der Zeitschrift ›Horizont. Halbmonatsschrift für junge Menschen‹, durch die Erzählung ›Kumpel mit dem langen Haar‹, die im November-Heft des ›Karussells‹ erschienen war. In einem Brief vom 21. November 1947 fordert er Heinrich Böll zur Einsendung mehrerer Beiträge auf, um aus ihnen für eine geplante Anthologie »junger und jüngster deutscher Prosa« auswählen können. Zwar realisiert sich die von Kaun in Aussicht gestellte Publikationsmöglichkeit nicht, Kaun selbst aber, der im Oktober 1948 vom Horizont-Verlag zum Verlag Kurt Desch in München überwechselt, bleibt für Böll in den folgenden Monaten nicht nur ein wichtiger Leser seiner Texte, sondern auch sein Anreger und Vermittler auf der Suche nach weiteren Möglichkeiten, Anschluss an die literarische Öffentlichkeit zu gewinnen. Er verweist Böll an verschiedene andere Personen und Verlage, die den erhofften Zugang ebnen helfen sollen, und er selbst macht auf Böll aufmerksam, etwa – noch vor seinem Wechsel – den Cheflektor des Desch-Verlags, Gunter Groll, oder Claus Hardt, Leiter des von Desch herausgegebenen Feuilleton-Dienstes. Axel Kaun gehört damit ebenso wie Moritz Hauptmann zu einem kleinen Personenkreis, der, noch bevor Böll mit seinen ersten Buchpublikationen zum Verlagsautor avanciert, nicht nur den Kreis seiner ersten kritischen Leser bildet, sondern durch die literarische Kritik auch seine Förderer versammelt. Zu ihnen gehören noch Herbert Burgmüller und Hans Henneke, Mitarbeiter der im Willi Weismann Verlag erscheinenden Zeitschrift ›Literarische Revue‹.

Das Abenteuer (ersch. März 1951)
Der Engel schwieg (September 1949 bis April 1951)
Skizze (ersch. August 1951)
Der Geschmack des Brotes (ersch. August 1951)
Wo warst du, Adam? (1951)
Besichtigung (ersch. September 1951)
Wiedersehen mit dem Dorf (ersch. Dezember 1951)
Das Selbstporträt. Heinrich Böll (ersch. Dezember 1951)

Was für den Krieg zutrifft, trifft für jede Zeit zu, über die einer schreibt, der in dieser Zeit lebt: der gängige Vorwurf, daß er einen Abklatsch schaffe, ist der am wenigsten zutreffende, sonst brauchte man nicht Mailer zu lesen, um über den pazifischen Krieg »etwas zu erfahren«, sondern könnte sich Wochenschauen darüber ansehen. Nicht das Material macht es – das Material liegt auf der Straße – die große Forderung, die an den Schriftsteller gestellt ist, ist die, zu formulieren, mit einem Namen zu versehen, was jeder spürt, aber nicht ausdrücken kann.

›So war es‹ (1953)

1948 beginnt mit der Aufnahme neuer literarischer Arbeiten. Es entstehen Kurzgeschichten wie ›Siebzehn und vier‹, ›Der Mann mit den Messern‹, ›Abschied‹, ›Lohengrins Tod‹, ›Steh doch auf, steh doch auf‹, ›Wir Besenbinder‹, ›Im Frühling‹. Darüber hinaus werden Romanprojekte in Angriff genommen. Am 16. Januar 1948 gleich zwei: ›Die Verwundung‹ und ›Am Rande‹. Als drittes Projekt tritt Ende Januar noch ›Aus dem Tagebuch eines jungen Priesters‹ hinzu, das in der Folge allerdings fragmentarisch bleibt. Über ein viertes, Mitte des Jahres dann aber abgebrochenes Romanprojekt berichtet Böll Axel Kaun in einem Brief vom 23. März 1948: »Mein Roman wird sich mit dem Schicksal eines jungen Soldaten befassen, der bei Ausbruch des Krieges etwa 15–16 Jahre alt ist, immer mehr in den Wahnsinn hineingerät und schließlich irgendwo und irgendwie so ›nebenbei‹ als Fahnenflüchtiger erschossen wird. Wenn es Sie wirklich interessiert, könnte ich Ihnen vielleicht Ende Mai ein oder zwei Kapitel zuschicken. Die Arbeit hatte sich zuerst gut angelassen, die ersten vierzig (bei geplanten 200) Schreibmaschinen-

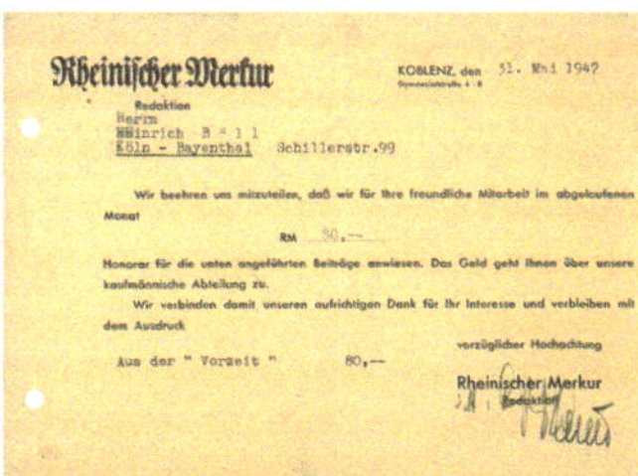
Rheinischer Merkur

Redaktion

KOBLENZ, den 31. Mai 1947

Herrn
Heinrich B ö l l
Köln - Bayenthal Schillerstr. 99

Wir beehren uns mitzuteilen, daß wir für Ihre freundliche Mitarbeit im abgelaufenen Monat

RM 80,--

Honorar für die unten angeführten Beiträge anwiesen. Das Geld geht Ihnen über unsere kaufmännische Abteilung zu.

Wir verbinden damit unseren aufrichtigen Dank für Ihr Interesse und verbleiben mit dem Ausdruck

vorzüglicher Hochachtung

Aus der " Vorzeit " 80,--

Rheinischer Merkur
Redaktion

17 Bölls erstes Honorar

seiten gerieten ganz gut, aber ich wurde plötzlich wieder durch die unerbittlichen Forderungen des Lebens (Briketts besorgen, Kartoffeln schleppen, Wertstücke möglichst günstig verkaufen) völlig aus dem Konzept gebracht, und als ich einigermaßen wieder bei Besinnung war, hatte ich neue Story-Pläne.«

Zwischen dem 16. Januar und 11. April 1948 entstehen insgesamt 19 Arbeiten. Von diesen Texten finden im selben Jahr allerdings die wenigsten in den Druck: ›Der Mann mit den Messern‹ im April-Heft des ›Karussells‹, ›Wir Besenbinder‹ in der Juli-Ausgabe des ›Rufs‹, ›Abschied‹ im Dezember in der ›Westfälischen Rundschau‹. Andere in diesem Jahr erscheinende Texte datieren bereits aus dem Jahr 1947: ›Wir suchen ein Zimmer‹, gedruckt in den ›Hessischen Nachrichten‹ etwa entstand bereits im Oktober 1947, ebenso wie ›Wiedersehen in der Allee‹, gedruckt im Juli-Heft der ›Literarischen Revue‹.

Nach Abschluss der Kurzgeschichte ›Jak, der Schlepper‹ am 11. April 1948 beginnt Böll eine Woche später eine ›Zwischen Lemberg und Cernowitz‹ betitelte, im Zeitraum des September 1943 angesiedelte Arbeit, die bis zum 7. Mai auf insgesamt 73 Seiten anwächst und am 12. Mai zunächst abgeschlossen, dann aber doch erst am 30. Mai ihre endgültige Korrektur erfährt. Noch bevor dies geschehen ist, beginnt er bereits am 22. Mai 1948 mit der Niederschrift einer weiteren, biografisch

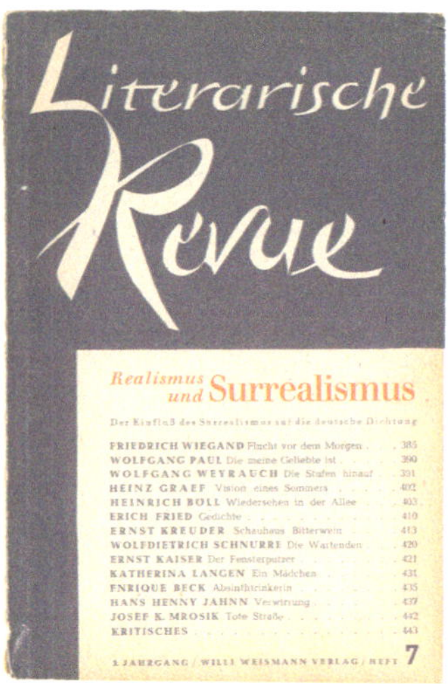

18 Titelblatt der ›Literarischen Revue‹ 1947

seiner Zeit als Besatzungssoldat in Frankreich korrespondierenden Erzählung, der er den Titel ›Das Vermächtnis‹ gibt und mit der er den gesellschaftlichen Umgang mit einer als verbrecherisch erkannten Vergangenheit in einer sich davon ablösenden Gegenwart thematisiert. Bis zum 24. Mai entstehen insgesamt 49 Manuskriptseiten. Nach Abschluss der erwähnten Korrekturarbeiten des ›Lemberg‹-Manuskripts nimmt er die Arbeit an ›Das Vermächtnis‹ am 31. Mai wieder auf, führt sie bis Ende Juni weiter bzw. schließt damit am 28. Juni 1948 ab.

Parallel dazu versucht Heinrich Böll Kontakte zu verschiedenen Rundfunksendern zu knüpfen, bietet seine Mitarbeit an und legt den Schreiben stets zahlreiche ältere, aber auch inzwischen neu entstandene Textproben bei. So schreibt er Ende Mai dem Berliner Rundfunk, im Juli dem Nordwestdeutschen Rundfunk, im August und September dem Stuttgarter Rundfunk bzw. dem Südwestfunk Studio Koblenz sowie – auf Vermittlung des ihn unterstützenden Jesuitenpaters Alois Schuh in Köln – an Werner Höfer, Redakteur der Sendung ›Echo des Tages‹. Keine der Anfragen erhält eine positive Antwort. Als Grund für die Ablehnung wird meist die Länge der Beiträge, zuweilen auch ihre Thematik genannt. (Erst am 2. Januar 1950 wird vom Hessischen Rundfunk erstmalig eine Erzählung Heinrich Bölls, die im Juni 1947 entstandene Kurzgeschichte ›Über die Brücke‹, gesendet.)

Zwischenzeitlich, am 18. Juni 1948, zehn Tage nach Abschluss der Arbeit an der Erzählung ›Vermächtnis‹ und zwei Tage vor Inkrafttreten der Währungsreform, bittet Annemarie Böll, in Erwartung ihres dritten Kindes – das am

Wir schrieben [...] vom Krieg, von der Heimkehr und dem, was wir im Krieg gesehen hatten und bei der Heimkehr vorfanden: von Trümmern; das ergab drei Schlagwörter, die der jungen Literatur angehängt wurden: Kriegs-, Heimkehrer- und Trümmerliteratur.

Die Bezeichnungen als solche sind berechtigt: es war Krieg gewesen, sechs Jahre lang, wir kehrten heim aus diesem Krieg, wir fanden Trümmer und schrieben darüber. Merkwürdig, fast ver-

31. Juli geboren und am 4. August auf den Namen René getauft wird – um Entlassung aus dem Schuldienst. Die Auszahlung einer Abfindung in Höhe von 2400 Mark am 1. September 1948 hilft, die sich finanziell katastrophal entwickelnde Situation der Familie Böll wenigstens kurzfristig abzumildern. (Notgedrungen kehrt Annemarie Böll im Jahr darauf nochmals in den Schuldienst zurück, den sie dann endgültig zum 1. April 1952 quittiert. Zu diesem Zeitpunkt versprach der in Aussicht stehende und schließlich am 26. April 1952 unterzeichnete Vertrag zwischen Heinrich Böll mit dem Kölner Verlag Kiepenheuer & Witsch durch die Vereinbarung einer monatlichen Vorschusszahlung die Existenz zu sichern.) Allen Schwierigkeiten zum Trotz entschließt sich Heinrich Böll Anfang August 1948 als freier Schriftsteller in Köln zu leben. Er setzt dabei einerseits auf die Hoffnung, die bislang zu einzelnen Zeitschriften geknüpften Kontakte ließen dies zu und würden sich in der Zukunft ausbauen lassen, andererseits darauf, dass die »beiden großen Arbeiten« – also ›Zwischen Lemberg und Czernowitz‹ und ›Das Vermächtnis‹ – bei Erfolg »mindestens 1500,-- DM, also über ein Jahr einigermaßen Sicherheit« bringen würden.

19 Die drei Söhne (von links): Raimund, René und Vincent um 1953

Dieses Datum, der 1. August 1948 bzw. der mit ihm verknüpfte Übergang in eine unabhängige Existenz, zieht auf seine Art die biografische Konsequenz aus der entgegen allen Schwierigkeiten, Unsicherheiten stets aufrecht erhaltenen, mit der Nachkriegszeit verknüpften Hoffnung auf ein Leben als freier Schriftsteller. Dabei war ein Ende der drückenden finanziellen Sorgen in absehbarer Zeit wenig wahrscheinlich. Und die Einschätzung der Erfolgsaussichten war, betrachtet man den Weg, den das ›Lemberg‹- bzw. das ›Vermächtnis‹-Typoskript nehmen, wenigstens zu diesem Zeitpunkt nicht unrealistisch. Aber ein Existenz sichernder Erfolg sollte sich trotz der Erwartung noch lange nicht einstellen. Zunächst sendet Heinrich Böll ›Lemberg‹ an den Willi Weismann Verlag nach München, erhält aber von Herbert Burgmüller, dem Schriftleiter der ›Literarischen Revue‹, am 26. Juni 1948 eine Absage, da Weismann das Manuskript nicht für den Verlag erwerben wolle, wobei »literarische Gründe« für die Ablehnung ausschlaggebend seien. Es sei, so Burgmüller, noch nicht von eben jener Prägnanz, von der man »zum Beispiel bei Ihrer kleinen Erzählung ›Über die Brücke‹ sprechen kann«. Auch Moritz Hauptmann, dem das ›Lemberg‹-Manuskript von Böll zugesandt wurde, antwortete am 14. August abschlägig – allerdings aus anderen Gründen: »Ich selbst bin gelähmt durch die gegenwärtige Lage, die der Währungsschock geschaffen hat. Ihre Erzählung ›Zwischen Lemberg und Czernowitz‹ habe ich mit großer Anteilnahme gelesen. Sie ist gut, wenn sie im einzelnen auch noch der Feile bedarf. Aber der sogenannte ›Büchermarkt‹ verschließt sich im Augenblick allen Projekten bis auf die wenigen Ausnah-

dächtig war nur der vorwurfsvolle, fast gekränkte Ton, mit dem man sich dieser Bezeichnung bediente: man schien uns zwar nicht verantwortlich zu machen dafür, daß Krieg gewesen, daß alles in Trümmern lag, nur nahm man uns offenbar übel, daß wir es gesehen hatten und sahen, aber wir hatten keine Binde vor den Augen und sahen es: ein gutes Auge gehört zum Handwerkszeug des Schriftstellers.

›Bekenntnis zur Trümmerliteratur‹ (1952)

men ›Romane bekannter Autoren‹. [...] Das Karussell ist sofort zum Stillstand gekommen. Alle Inserate sind gestoppt und es wird eine Weile dauern, bis wir es wieder in Gang setzen können.« Mit dem Schreiben erhält Böll zugleich die im Anfang Juli bzw. Anfang August entstandenen und zuvor eingesandten Texte ›Wiedersehen mit dem Dorf‹ und ›An der Angel‹ zurück.

Einen Teil des ›Vermächtnis‹-Manuskripts schickt Böll dann Anfang Juli 1948 an Axel Kaun vom Horizont Verlag München. Als er ihm am 14. Juli den Rest übersendet, erhält er von Kaun, ebenfalls mit Datum vom 14. Juli 1948, eine auf den bis dahin vorliegenden Teil wohlwollende, dennoch aber auch kritische, vor allem auf die Form der Erzählung eingehende Beurteilung: »Die verpflichtende Form der Briefe zwingt Sie [...] mehr als alles andere zur maßvollen Überlegtheit der Ausdrucksmittel, der Sprache und ihrer Verdeutlichungsmöglichkeiten.« Und die Sprache kritisierte Kaun als noch zu sehr »angetan von [einer] umständlichen Weitläufigkeit« und »sentimentalischen Überladenheit«. Dennoch leitete er das Manuskript, zusammen mit drei weiteren Erzählungen an den Verlag Kurt Desch weiter, dessen Hauptlektor, Gunter Groll, sich mit Bölls »Arbeiten« – wie es im Schreiben an Böll vom 27. Oktober 1948 heißt – »eingehend« beschäftigt habe und für ›Das Vermächtnis‹ eine durchaus reelle Chance gegeben sieht, dass es ein Erfolg werden könne, dennoch aber von einer Annahme absieht, da im Verlag derzeit das Erscheinen eines Kriegsromans von Hans Werner Richter vorbereitet werde.

Zurückkommend auf eine Anfrage des deutschen Lektors des Abendland Verlags, Innsbruck (ab 1949 Abendlän-

20 Die Rückfront des Hauses in der Schillerstraße 99 ▶

dische Verlagsanstalt, Freiburg – München – Innsbruck), vom 30. September 1948, bei dem es um Beiträge für eine geplante Anthologie geht, schickt Böll das ›Vermächtnis‹ Manuskript im November an den deutschen Verlagsleiter Eric A. Peschler, der nach lange hinausgezögerter Entscheidung am 17. März 1949 Heinrich Böll auf dessen Nachfrage endlich mitteilt, dass man sich »zur Inverlagnahme Ihres ›Das Vermächtnis‹ entschlossen« habe. Ein Entschluss, bei dem es jedoch nicht bleiben wird.

Einige Monate zuvor, am 11. November 1948, nimmt Böll brieflich Kontakt mit dem Friedrich Middelhauve Verlag auf und bietet ihm seine Tätigkeit als Übersetzer englischsprachiger Texte an. Diesem Angebot liegt die seit Anfang 1948 von Annemarie und Heinrich Böll verfolgte Idee zugrunde, durch Übersetzungen den Unterhalt der Familie zu stützen, was bereits im Juni durch eine an den Willi Weismann Verlag geschickte Übersetzungsprobe von Stephen Spenders Essay ›W. H. Auden and the Poets of the Thirties‹ versucht worden war, aber zu keinem greifbaren Ergebnis geführt hatte.

Bölls Brief an den Opladener Middelhauve Verlag kreuzt sich mit dem Versuch von dessen Verlagsleiter, Georg Zänker, mit ihm in Kontakt zu treten. Zänker, der sich am 10. November 1948 beim Einwohnermeldeamt der Stadt Köln nach der Adresse Heinrich Bölls erkundigt hatte, bittet am

24. November brieflich um die Gelegenheit eines Besuchs, der dann auch am 15. Dezember in Köln stattfindet. »Gestern abend«, so berichtet Heinrich Böll tags darauf seinem Freund Ernst-Adolf Kunz, »hatte ich meine dreistündige Unterredung mit dem lange ersehnten Verlagsdirektor aus O. Es war sehr nett: ein wirklich reizender Bursche, der übrigens in Attichy in Lager 4 gewesen war. Wir rauchten gegenseitig unseren Tabak (meiner war besser als seiner, weil er in seinem kleinen Ort keine Bez. zu den richtigen Schwarzhändlern hat). Dabei erzählten wir uns. Er hat seinerzeit Borchert ›entdeckt‹, hatte schon mit Borchert alles fest, besass aber noch keine Lizenz und B. hatte inzwischen von Rowohlt ein Angebot. Er war sehr ›scharf‹ auf mich, ich merkte das an allem, und ich übergab ihm feierlich ›Lemberg‹, wobei ich bemerkte, dass ich es Rowohlt hatte schicken wollen (was wirklich wahr war). Herr Z. klagte sehr über den völligen Mangel an jungen Autoren in Deutschland. Dann wurde mir das ganze Programm erläutert, was mir sehr gefiel: Keine Nachdrucke eingefahrener Leute, obwohl das immer ein gutes Geschäft ist, sondern wirklich nur Neues, Gutes. U.a. ist eine grössere Reihe amerikanischer Autoren unserer Generation geplant (tolle Uebersetzungsmöglichkeiten!) und vieles mehr. Ich erzähle Euch dann alles mündlich. Aber vor allen Dingen sucht Z. nach jungen Deutschen (bin ich einer?). Ich bin sehr gespannt, was er zu ›Lemberg‹ sagen wird. Geld ist anscheinend genug flüssig. Der Verlag hat gleichzeitig eine grosse Druckerei, Zeitungsverlag und einen nominell ge-

Ich muß sagen, ich habe sehr viel gelernt von meinem ersten Lektor, den ich hatte; das ist ein Mann, der kaum bekannt war, mit dem ich also alle Manuskripte durchgesprochen habe; es war Paul Schaaf vom Middelhauve Verlag. Ich weiß nicht, ob das heute noch so ist, aber da wurde eben jedes Manuskript ganz genau Zeile für Zeile durchgesprochen; erst mal das Gesamte, dann im Detail, und der hat mich aufmerksam gemacht auf Möglichkeiten, sagen wir, meines Ausdrucks, die ich noch gar nicht entdeckt hatte, verstehen Sie. Hat dann aber auch Wucherungen oder, wenn man so pathetisch-geschwätzig wird – ich habe so ungeheure Mengen pathetisch-geschwätzigen Kram geschrieben –, mit trennten, aber finanziell identischen Wirtschaftsverlag, der das nötige Geld einbringt, um auf literarischem Gebiet etwas zu experimentieren. Selbst wenn er L. nicht nähme, bin ich ziemlich sicher, dass er ein Sammelbändchen herausgeben würde, falls die Innsbrucker negativ reagieren.«

Nachdem das zwischenzeitlich dem Harriet Schleber Verlag eingereichte und von diesem am 6. Dezember 1948 zurückgeschickte ›Lemberg‹-Manuskript nun »feierlich« übergeben worden war, reichte es Georg Zänker direkt an den im Schwarzwald lebenden Außenlektor des Verlages, Paul Schaaf, weiter, der sich sogleich am 8. Januar 1949 bei Heinrich Böll meldet: »Ich weiß nicht ob es Ihnen bekannt ist, daß ich zunächst durch eine Erzählung von Ihnen in der ›Literarischen Revue‹ und dann durch eine weitere im ›Ruf‹ auf Sie aufmerksam wurde. Ich habe damals den Verlag Middelhauve sogleich gebeten, Ihre Adresse ausfindig zu machen, und nun habe ich vor kurzem Ihre große Erzählung ›Zwischen Lemberg und Czernowitz‹ erhalten und gelesen. Meinen ersten Eindruck finde ich darin vollkommen bestätigt, vor allem die ›Richtigkeit‹ Ihres Erzählens, das nicht künstlich Herbeigeführte, aber äußerst Dringende darin. Auch finde ich, dass Sie vielleicht die jetzt einzig mögliche Form gefunden haben, diese Erlebnisinhalte aus dem Krieg ›romanhaft‹ auszudrücken, nämlich nicht in einem Roman gewöhnlichen Sinnes, sondern im Nachgang dieser wenigen Stunden, die Ihre Erzählung umfaßt.«

Am 2. Mai 1949 kommt es zwischen »Heinrich Böll, Köln-Bayenthal, Schillerstraße 99« und dem Verlag Friedrich

Vorsicht rausgenommen und so weiter [...] Man muß das dann verteidigen, und manches können Sie nicht verteidigen, nur wenn Sie jemand mit dem richtigen Argument konfrontieren. Ich habe sehr viel gelernt an mir selbst; ich glaub, man kann im Grunde nur an sich selbst und mit sich selbst lernen. Aber die Konfrontation mit der ersten Stufe Kritik – den Lektor hatte da auch meine Frau gemacht – hat mir sehr geholfen, meine Grenzen zu erkennen, aber innerhalb dieser Grenzen alles rauszuholen, was drin war.

›Ich habe nichts über den Krieg aufgeschrieben‹. Ein Gespräch mit Heinrich Böll und Hermann Lenz (1977)

Middelhauve, Opladen, Ophovenerstr. 1–3, zum Abschluss eines Verlagsvertrages. Heinrich Böll ist Verlagsautor geworden, und die Publikation seines ersten Buches ›Zwischen Lemberg und Czernowitz‹, dessen Titel bald in ›Der Zug war pünktlich‹ abgeändert wird, steht in greifbarer Nähe. Und es zeichnet sich ein weiteres Projekt ab: Ein Band mit Erzählungen soll zusammengestellt werden. 1950 erscheint er unter dem Titel ›Wanderer, kommst du nach Spa ...‹ mit insgesamt 25, zum Teil bis dahin unveröffentlichten Arbeiten. Nachdem die Abendländische Verlagsanstalt von der im März ausgesprochenen »Inverlagnahme« der Erzählung ›Das Vermächtnis‹ abrückt – sie will zunächst eine Gesamtoption für sämtliche literarische Arbeiten Bölls sowie die Beendigung der mit Middelhauve begonnenen Zusammenarbeit herbeiführen –, löst Böll bei einem Treffen mit dem Verleger der Verlagsanstalt, Erich A. Perschler, in Frankfurt die Verbindung, so dass auch das ›Vermächtnis‹-Manuskript, nachdem es von der Verlagsanstalt an Böll zurückgeschickt und zwischen dem 15. und 22. August von ihm überarbeitet worden war, am 5. September 1949 bei Middelhauve eintraf.

21 Buchumschlag von ›Der Zug war pünktlich‹, 1949

Alfred Andersch (1914–1980) gehörte zum Redaktionskreis der in der Kriegsgefangenschaft in den USA gegründeten Zeitschrift ›Der Ruf‹. Nach seiner Rückkehr nach Deutschland wurde er Redaktionsassistent der ›Neuen Zeitung‹ in München, 1946 bis 1947 mit Hans

Am 2. Juni 1949 berichtet Heinrich Böll Paul Schaaf über die vollzogene Trennung von der Abendländischen Verlagsanstalt und erwähnt dabei, dass er seinen Aufenthalt in Frankfurt dazu genutzt habe, »Herrn Alfred Andersch aufzusuchen und ihn als Kritiker für ›Lemberg‹ zu gewinnen. Außerdem will er möglicherweise in seinem lit-Studio bei Radio Frankfurt etwas für mich tun.« Es war das erste Böll und Andersch persönlich zusammenführende Treffen. Schriftlichen Kontakt zu Andersch hatte Böll bereits im Februar 1949 aufgenommen, wobei er sich auf eine Empfehlung von Axel Kaun stützte, der ihm im November 1948 nahe gelegt hatte, sich bei Andersch zwecks Unterbringung eigener Beiträge in dessen ›Abendstudio‹ bei Radio Frankfurt zu bemühen. Seiner Anfrage, ob Andersch »irgend etwas« für ihn tun könne, legte Böll (leider nicht bekannte) Manuskripte bei, erhielt sie von Andersch am 22. Juni 1949 mit der Bemerkung zurück, dass »eine Verwendung im Radio« bei keiner der Arbeiten möglich sei, da die »technisch geeigneten, also die richtige Länge aufweisenden Erzählungen sich mit Themen befassen, die, augenblicklich gebracht, zu einer Hörer-Revolte führen würden. Die derzeitige Publikumsmentalität muß vom Funk berücksichtigt werden, so schlecht sie auch ist.« Das war in eine Richtung gesprochen, aus der Heinrich Böll schon ein Jahr zuvor andere, seine Publikationsabsichten scheitern lassende Stimmen vernommen hatte: »Könnten Sie sich aus diesem Rahmen wohl einmal lösen« – gemeint war der Rahmen Kriegs- und Heimkehrerthemen –, fragt die ›Hannoversche Presse‹ anlässlich der Rücksendung von zwei Texten am 6. Oktober 1948. Mit der Begründung »es liegt am Stoff«

Werner Richter Herausgeber der Zeitschrift ›Der Ruf – Blätter der jungen Generation‹. Andersch gehörte zum Gründerkreis der Gruppe 47. Ab 1948 wandte er sich dem Rundfunk zu und war Redakteur bei den Sendern Frankfurt a. M., Hamburg und dem Süddeutschen Rundfunk. 1952 und 1953 gab er die Buchreihe ›studio frankfurt‹ heraus, gründete und leitete 1955 bis 1958 die Zeitschrift ›Texte und Zeichen‹. Ab 1958 lebte er in Berzon (Schweiz) als freier Schriftsteller.

schickte die ›Süddeutsche Allgemeine Zeitung‹ die Kurzgeschichte ›Siebzehn und vier‹ am 11. Dezember 1948 zurück. Und selbst Moritz Hauptmann schrieb am 10. September 1948 anlässlich der Rücksendung der Kurzgeschichte ›Trunk in Petöcki‹: »Trunk in Petöcki ist Kriegsmilieu, und von Soldaten wollen die Leute im Augenblick nichts hören. Ebenso wenig von Trümmern und Hunger.«

»Die Brüder wollen nichts so scharf Antimilitaristisches. Ist das nicht toll? Drei Jahre nach dem Krieg muß man sich schon wieder vor dem Publikum fürchten.« Und: »Ich weiss zwar, dass das Thema Krieg nicht gesucht und nicht beliebt ist, aber ich kann nichts daran ändern«, schreibt Böll an Ernst-Adolf Kunz. Seine Bemerkungen, die Böll in der Gesellschaft der Nachkriegzeit verorten, dokumentieren zugleich seinen im Anspruch konsequent aufrecht erhaltenen literarischen Antrieb.

Zur literarischen Arbeit im engeren Sinne kommt 1949 etwas Neues hinzu. In fortgeführter Korrespondenz mit den ›Frankfurter Heften‹ reicht Heinrich Böll am 29. Juli 1949 dem ›Hefte‹-Redakteur W. M. Guggenheimer ›Das Portrait einer katholischen Zeitung‹ ein. Die Stoßrichtung dieses bislang ungedruckt gebliebenen »ersten Versuchs in dieser Richtung«, der essayistischen, wie er Paul Schaaf am 23. Juli 1949 gegenüber bemerkt, geht auf die Erkundung und Kritik des restaurativen, vom Wirtschaftwunder beflügelten

22 Buchumschlag von ›Wanderer, kommst du nach Spa…‹, 1950

Gestus der Tagespresse zurück: »nichts von Wohnungselend, nirgendwo eine Frechheit, eine Offenheit, nur immer den Anschein erwecken, daß ›alles in Ordnung‹ ist«.

In Ordnung war für Böll bei weitem nichts. Auch in den persönlichen Verhältnissen traten die erhofften Verbesserungen nicht ein. Denn die mit der Anbindung an den Middelhauve Verlag auch in materieller Hinsicht verknüpften Hoffnungen erfüllten sich nicht. Der auf Verlagshonorare anzurechnende monatlich gezahlte Vorschuss, zunächst 100, ab September 200 DM, dessen Auszahlung allerdings bis Dezember 1949 befristet war, kann die Existenz der vierköpfigen Familie nicht sichern. Heinrich Böll sieht sich daher gezwungen, bei der Stadt Köln ein Gesuch zur Gewährung einer Existenzbeihilfe zu stellen, das er am 3. November 1949 einreicht und dem mit einer einmaligen Zahlung von 600 DM zwar entsprochen wird, eine eigentliche Lösung der Probleme aber weiter in die Ferne rücken lässt. Mit einmaligen Zuwendungen lässt sich die vierköpfige – mit der Geburt des Sohnes Vincent im März 1950 dann fünfköpfige – Familie nicht ernähren, so dass Pläne, den Beruf des freien Schriftstellers zugunsten einer gesicherten Anstellung aufzugeben, immer wieder an der Peripherie der wirtschaftlich schwierigen Situation auftauchen. Aber auch immer wieder zurückgestellt werden – nicht zuletzt durch den Zuspruch, den Heinrich Böll von seiner Frau Annemarie erhält. Also suchen sie nach Alternativen. So bewirbt sich Heinrich Böll am 4. Januar 1950 etwa um eine »Beschäftigung als Berichterstatter« beim ›Kölner Stadt-Anzeiger‹, allerdings vergeblich. Ein anderes Anliegen realisiert sich dagegen, wenn auch nur kurz.

1947 gründete **Friedrich Middelhauve** (1896–1966) in Opladen den nach ihm benannten Verlag, dessen Zielsetzung die Veröffentlichung zeitgenössischer Literatur war. Bereits ein Jahr nach dem Krieg hatte er den Westdeutschen Verlag ins Leben gerufen, dessen Programm die politischen Interessen seines Inhabers widerspiegeln. Middelhauve, der 1946 wesentlich mit zur Gründung der nordrhein-westfälischen FDP beitrug, war 1. Vorsitzender des Landesverbandes Nordrhein-Westfalen und Fraktionsführer im Landtag und seit

Bölls Wunsch nach Anschluss an literarische Kreise, Gruppierungen und Kontakten zu anderen Autoren führt ihn 1950 zu der von Johannes M. Hönscheid im Frühjahr als »Zweckvereinigung« gegründeten »gruppe junger autoren«, der u. a. Hans Bender, Josef Reding, Gert Kalow, Kay Hoff, Jahnheinz Jahn sowie Paul Schallück angehören. Mit Letzterem wird Böll für den von der »gruppe« eingerichteten Pressedienst, der Beiträge über Theater, Film und literarische Erscheinungen an Zeitungen und Rundfunkanstalten vermittelt, Berichterstatter für Köln. Das »gefährliche und nicht abgegrenzte Nebeneinander von Schriftstellern und Journalisten«, wie er am 6. September 1950 schreibt, führt ihn allerdings wieder bald von der »gruppe« weg.

Kurz bevor sich der Kontakt zur »gruppe« herstellte, kommt es durch Vermittlung Friedrich Middelhauves, der den Beigeordneten der Stadt Köln, Dr. Löns, nach Unterstützungsmöglichkeiten für Böll gefragt hatte, zu einem Treffen beider, woraufhin Böll am 1. Juni 1950 eine vorübergehende Beschäftigung bei der Stadt Köln im Rahmen der 1950 durchgeführten Volkszählung antreten kann – erhofft hatte er allerdings eine Beschäftigung im Archiv- oder Bibliotheksdienst. Böll wird erst Leiter einer Außenstelle, dann Gruppenleiter im Innendienst bis zur Beendigung der mehrfach verlängerten Beschäftigung am 30. April 1951.

Paul Schaaf hatte Heinrich Böll gelegentlich auf die Schwierigkeit, sich als Schriftsteller den notwendigen Lebensunterhalt sichern zu können, hingewiesen und ihn vor der Gefahr allzu großer Euphorie gewarnt. So hatte er Böll mit Blick auf den Publikumserfolg der zur Veröffentlichung anstehenden Erzählung ›Der Zug war pünkt-

1949 Mitglied des Bundestages. Über Middelhauve, der in den Nachkriegsjahren die gesellschaftliche Wiedereingliederung von Nationalsozialisten betrieb, äußerte sich Heinrich Böll, darauf anspielend, 1982: »Friedrich Middelhauve mit seinem strengen deutschen Idealistengesicht, der die FDP nach rechts hin öffnete«.

lich‹ bereits im März 1949 geschrieben: »Wir haben nämlich augenblicklich eine äußerst entschiedene Abneigung des Publikums gegen alle Bücher, die etwas mit Krieg zu tun haben. Ja, es ist völlig klar, daß heute eine geradezu schauerliche Welle von ›Harmlosigkeit‹ und Gartenlaube-Format durch die Leser und auch durch die Literatur geht. Es ist ein krampfhaftes Augen-Zumachen. Ich bin mir auch bewußt, daß wir mit Ihren Büchern durchaus nicht dem ›Publikums-Geschmack‹ entsprechen.« Als ›Der Zug war pünktlich‹ dann durch Verlagsversäumnisse nicht rechtzeitig zur Frankfurter Buchmesse vorgelegt werden kann, sich sogar so lange verzögert, dass er auch für das Weihnachtsgeschäft nicht mehr rechtzeitig den Buchhandel erreicht, sondern erst kurz vor Weihnachten in broschierter Form zu einem reduzierten Preis von 4,80 DM erschien, war die Chance einer gut platzierten Erstlingsveröffentlichung, der auch finanziell ein Erfolg hätte beschieden sein können, vertan. Sein Belegexemplar erhielt Heinrich Böll just am 21. Dezember 1949 – dem Tag, an dem er seinen 32. Geburtstag feierte. Aufgrund der späten Auslieferung konnten dann auch zwischen Dezember 1949 und

23 Heinrich Böll im Garten der Schillerstraße 99 um 1947

Juni 1950 lediglich 145 Exemplare abgesetzt werden (Ende 1950 waren es erst 266 Exemplare). Als letztlich auch das Erscheinen des dem Verlag inzwischen vorliegenden Romans ›Der Engel schwieg‹ sowie das Erscheinen von ›Das Vermächtnis‹ – beide in der Programmvorschau des Verlags für den Herbst 1950 angekündigt – scheitern, geht die Beziehung der Vertragspartner ihrem Ende entgegen.

Den letzten Schritt der Zusammenarbeit mit dem Middelhauve Verlag leitet Anfang Januar 1952 ein Schreiben Heinrich Bölls an Georg Zänker ein: »Es ist dem Verlag Middelhauve in drei Jahren nicht gelungen, auch nur eine Sendung beim Rundfunk für mich durchzubringen oder mir die Arbeit bei der Presse zu erleichtern [...]. Sowohl Funk wie Presse habe ich mir mühsam erobern müssen, unendlich viel Zeit und Nerven damit verschlissen, bei den verschiedensten Vollidioten zu antichambrieren. [...] Es will mir nicht einleuchten, wenn Sie schreiben, der jährliche Betrag von 2400 DM, den Sie für mich vorgesehen haben, ›fehle Ihnen natürlich zur Ausdehnung der Produktion‹. Ich nehme an, daß Verfasserhonorare zur Ausdehnung der Produktion gehören, denn Papier und Druckmaschinen genügen ja nicht: irgendeiner muß ja was schreiben, was produziert werden kann.«

»Ich weiß zwar, daß das Thema Krieg nicht gesucht und nicht beliebt ist, aber ich kann nichts daran ändern, und leider bin ich wirklich nicht – so glaube ich – dazu ausersehen, mich der allgemeinen Pralinenproduktion einzugliedern«, schreibt Heinrich Böll am 10. Januar 1949 an Kunz, dem eigenen Anspruch treu gegenüber einer gesellschaftlichen Entwicklung, in der die schon längst wieder

Die endgültige Trennung Bölls vom Middelhauve Verlag wird 1952 in einem Schreiben Middelhauves festgehalten:

Die im §8 unseres beiderseitigen Vertrages vom 2.5.49 vorgesehene Verpflichtung, nach der Sie uns das Vorkaufsrecht für alle weiteren Werke einräumen, wird auf Ihren Wunsch hin mit sofortiger Wirkung aufgehoben. 2. Sie erklären sich statt dessen bereit, Ihre weiteren Werke 3 verschiedenen Verlagen, darunter auch meinem aufgelebten restaurativen Tendenzen sich in manifeste politische und gesellschaftliche Wirklichkeit umgesetzt haben. Sein »eigentliches Kriegsbuch« habe er noch zu schreiben. Dieses »Kriegsbuch« wird der im Mai 1950 begonnene Text, der letzte, der bei Middelhauve erscheint, sein. Er wird im November 1951 unter dem Titel ›Wo warst du, Adam?‹ ausgeliefert.

Als Böll im März 1949 auf eine Umfrage der ›Literarischen Revue‹ antwortet, weist er – rückblickend gesehen – sowohl auf den roten Faden, der seinen bisherigen literarischen Produktionen Zusammenhang verleiht, als auch auf die tiefer liegenden Motive seines Arbeitens hin. Auf die Frage: »In welchem Umfang ist die Auseinandersetzung mit der Zeit bestimmend für ihr literarisches Schaffen« antwortete er mit der ebenso programmatisch wie lapidar formulierten Festsetzung: »Den Dingen ihren Namen zu geben. Die Wirklichkeit einzuordnen in eine Symbolik, die der Welt innewohnt.«

Im Hinblick auf alle spätere Entwicklung: Die Absicht, »den Dingen ihren Namen zu geben«, bleibt sowohl im schriftstellerischen wie publizistischen Werk als Akt bestimmend, der das Verschweigen der ungebrochenen Kontinuitäten, wie es die restaurative Nachkriegsgesellschaft praktiziert, anprangert. Dagegen tritt spätestens mit Erscheinen des Romans ›Wo warst du, Adam?‹ die im zweiten Teil der Antwort angedeutete Symbolisierung zurück. Die zumeist ominös bleibende Instanz, in der die zum Opfer der Ereignisse werdenden Protagonisten der frühen Nachkriegserzählungen wie in einer Gemeinschaft von Heiligen aufgehoben sind, bleibt ausgespart. Das religiöse

Verlag, zur Veröffentlichung anzubieten. 3. Die zwischen uns vereinbarten monatlichen Zahlungen in Höhe von je DM 200.– werden auf Ihren Wunsch bis März dieses Jahres weitergeführt, so daß Sie im Februar und März wie bisher jeweils am 15. den Betrag von DM 200.– erhalten. Diese Zahlungen werden ebenso wie die vorhergehenden auf das Honorar Ihrer bisher bei uns veröffentlichten Bücher angerechnet. Vom Monat April an werden die Zahlungen eingestellt.

Pathos, mit dem die Nachkriegstexte anheben, weicht mehr und mehr der Sprache gesellschaftlicher Analyse, die sich ihre »die Zeiterscheinungen transparent« machenden Bilder aus der Beobachtung gesellschaftlicher Wirklichkeit holt, wie etwa der den Abschluss dieser Entwicklung markierende Roman ›Und sagte kein einziges Wort‹. »Die ›Zeiterscheinungen‹ transparent zu machen, so daß das Gültige sichtbar wird«, was zumeist bzw. gerade nicht das Geltende war, war die Antwort auf die ebenfalls von der ›Literarischen Revue‹ gestellte Frage: »Worin besteht Ihrer Meinung nach heute die Aufgabe und Bedeutung des künstlerischen Schaffens?«

So zeigt Heinrich Bölls autobiografische Auskunft von 1959 (»Schreiben wollte ich immer, versuchte es schon früh, fand aber die Worte erst später«) den Weg, auf dem er ab 1946 bis zu Beginn der fünfziger Jahre konsequent seine Absicht umsetzt, freier Schriftsteller zu werden. Manches gelang dabei, manches nicht. Davon unabhängig aber führt dieser Weg zu einer Haltung eigenem und anderem Handeln gegenüber, die Rechenschaft und Aufklärung über die in Sprache gefasste und mit Sprache ausgeübte Macht verlangt. In den folgenden Jahren findet diese Haltung ihre kritische Instanz: das Gewissen.

24 Buchumschlag von ›Wo warst du, Adam?‹ 1951

Die ersten Erfolge

Im Friedrich Middelhauve Verlag erschien 1951 neben Bölls ›Wo warst du, Adam?‹ noch ein weiterer Roman eines »Neulings«, ›Wenn man aufhören könnte zu lügen‹ von Paul Schallück. Danach sind keine weiteren Aktivitäten zu verzeichnen, obwohl der Verlag dem Namen nach noch bis 1961 existierte. (Die Verlagsrechte an den frühen Texten des inzwischen »weltberühmten« Autors Heinrich Böll gingen an den neu gegründeten Kinderbuchverlag von Waltraud Middelhauve über.)

Zu den sehr schwierigen verlegerischen Vorbedingungen, unter denen Heinrich Bölls erster »Schritt« an die Öffentlichkeit stand, kam ein weiterer negativer Umstand, den er in einem Brief an Georg Zänker am 8. Januar 1952 anspricht. Böll bemängelt darin nicht nur das grundsätzliche Desinteresse seines Verlegers an seinem Verlag, sondern auch, »daß ich fremde Verleger öfters sehe und mich öfters mit diesen über Literatur unterhalten kann als mit meinem eigenen, und es ist bei den Strömungen innerhalb der Literatur wirklich außerordentlich wichtig, darüber in einem ständigen und lebhaften Gespräch zu bleiben«. Zu dem ausbleibenden Gespräch mit seinem Verleger kommt hinzu, dass es in Köln zu dieser Zeit noch keine literarische »Szene«, Personen oder Orte gab, mit denen oder an denen ein Austausch hätte stattfinden können. So schrieb Heinrich Böll schon im Juli 1949 an Alfred Andersch, dass er sich

---

Literatur hatte bis zum 20. Jahrhundert in **Köln** eine kaum nennenswerte Bedeutung. Nach dem Ersten Weltkrieg kamen einige mehr oder weniger bekannte Autoren in die Stadt: Ernst Bertram, Otto Brües, Jakob Kneip, Alfons Paquet oder Heinz Steguweit – Autoren, die z. T. während der Nazizeit eine unrühmliche Rolle spielten (»Ein Hakenkreuz am Wegrand steit, stumm kniet davor Ernst Steguweit«). Mit ihnen wurde, wie schon in der Romantik durch Friedrich Schlegel, ein literarisches Interesse von außen nach Köln hineingetragen. Eine in Köln als Schriftsteller »abgeschnitten« fühle und bat um Vermittlung von Kontakten: »Vielleicht auch können Sie mir irgendwie Anschluss an Gruppen junger Schriftsteller ermöglichen. Es ist wirklich deprimierend, so als absolutes literarisches Individuum da zu hocken.« Vor allem Alfred Andersch knüpft für Heinrich Böll im Folgenden zwei entscheidende Kontakte: zu Hans Werner Richter und der Gruppe 47 und zum Verlag Kiepenheuer & Witsch.

Auf die Gruppe 47 wurde Heinrich Böll im Dezember 1950 durch Jahnheinz Jahn aufmerksam gemacht, der – nach der gemeinsamen und unbefriedigenden Erfahrung mit der »gruppe junger autoren« – bei ihm anfragt, ob er Interesse habe, an einer Tagung der Gruppe teilzunehmen. Auf Bölls Bitte um Aufklärung über diese Gruppe antwortet ihm Jahn im Januar 1951 in einem Brief: »An den 47ern ist nichts Geheimnisvolles. [...] Dazu wird man eingeladen oder nicht eingeladen. [...] Der Einlader ist Hans Werner Richter. Er war vor vier Wochen hier. Ich habe kein Wort mit ihm sprechen können. Beim Abschied sagte er: Sind Sie der Jahn? Ja. Wir sehen uns im Mai bei der Tagung. Das war alles. Ihren Namen hat er [...] in sein Notizbuch geschrieben. Er will von Ihnen was lesen [...] und wenn's ihm und den anderen, dem Andersch, dem Minssen, dem Kolbenhoff auch gefällt, dann kriegen Sie im April nehme ich an einen Brief c'est tout.« Hans Werner Richter nennt später Alfred Andersch, der den entscheidenden Anstoß gegeben habe, Heinrich Böll zur Tagung der Gruppe vom 3. bis 7. Mai im in der französischen Besatzungszone gelegenen Bad Dürkheim an der Weinstraße einzuladen.

Gruppenbildung fand aber nicht statt. Von einem eigenständigen literarischen Leben, einer »Kölner Literaturszene«, konnte zu keiner Zeit die Rede sein.

Ab 1950 waren es dann meist berufliche Gründe, die Autoren nach Köln führten, angezogen von den Rundfunkanstalten, Verlagen, Zeitungen und Zeitschriften. Das literarische Leben entwickelte sich trotzdem vergleichsweise langsam. Anfang der fünfziger Jahre sorgte der Bahnhofsbuchhändler Ludwig mit seinen Mittwochsgesprächen für Aufsehen und Aufre-

Heinrich Böll liest ›Die Schwarzen Schafe‹ – und gewinnt mit dieser satirischen Erzählung den mit 1000 DM dotierten Preis. Der erste in einer beispiellosen Liste von Auszeichnungen und Ehrungen, die Heinrich Böll im Laufe seines Schriftstellerlebens erhalten wird.

1951 ist die Gruppe 47 noch nicht die »Institution«, deren Tagungen zum Medienspektakel werden. Berichte über die Tagung in Bad Dürkheim und den neuen Preisträger finden sich daher lediglich in lokalen Zeitungen, sieht man von einer kleinen Notiz in ›Die Zeit‹ ab. Sosehr das Preisgeld für Böll (und seine Familie) ein »Aufatmen« bedeutet, die wirkliche Bedeutung liegt für ihn in den lebenslang dauernden Freundschaften mit u. a. Ilse Aichinger (Preisträgerin des Jahres 1950), Günter Eich, Walter Jens, Walter Kolbenhoff und Wolfgang Hildesheimer und gründet sich in den Kontakten zu den anwesenden Medienvertretern.

Am 10. Mai 1951 berichtet Böll seinem Freund Ada Kunz über den Preis, »dessen Folgen sich schon bemerkbar zu machen beginnen. Habe dort bei der Tagung in Bad Dürkheim gleich eine Menge Dinge abschliessen können, weiteres wird folgen und man ›bittet‹ mich um Beiträge.«

Noch im Mai fragen ›Neue Rundschau‹ und ›Die Welt‹ nach Texten. Der Süddeutsche Rundfunk will eine Sendung über Böll machen, und der Verlag Scherz & Goverts erkundigt sich, unter Hinweis darauf, dass man Bölls Beziehungen zum Middelhauve Verlag keinesfalls »stören« möchte, nach seinem literarischen Schaffen. Der Schneekluth Verlag will im Herbst 1951 wissen, was Böll »so unter der Feder« hat und ob sich darunter ein größerer Roman befindet, der Suhrkamp Verlag mahnt Böll, während seines nächs-

gung in Köln und Umgebung. In den sechziger Jahren sprach man dann sogar von einer Kölner Schule des Neuen Realismus in der Literatur. Dieter Wellershoff war ihr Initiator, und seine »Schüler« waren Autoren wie Rolf Dieter Brinkmann und Nicolas Born, mit denen er als Lektor im Verlag Kiepenheuer & Witsch zusammenarbeitete. Zu dieser Zeit lebten in Köln viele Autoren, die das literarische Leben der BRD entscheidend mitgeprägt haben und deren Namensliste von Hans Bender und Heinrich Böll bis Paul Schallück und Günter Wallraff reicht.

ten Besuchs in Frankfurt dort »vorzusprechen«. Am 20. November schreibt Moritz Hauptmann, inzwischen Lektor beim Insel Verlag: »Es ist nicht Sache des Insel-Verlags, anderen Verlagen ihre Autoren abzujagen«, aber »es könnte ja […] vielleicht Ihr Wunsch sein, dem Insel-Verlag einmal etwas vorzulegen, sei es nun ein künftiger Roman oder eine grössere Erzählung […]«

Am 23. November 1951 kommt Alfred Andersch nach Köln, um den zwei Jahre zuvor als Ableger des Gustav Kiepenheuer Verlags in Leipzig durch Joseph Caspar Witsch gegründeten Verlag Kiepenheuer & Witsch zu besuchen. Dabei spricht Andersch den Verleger auf den begabten Kölner Autor Heinrich Böll und seine momentane Verlagssituation an. Zwei Tage später berichtet er über Witsch an Böll: »Er hat den ›Adam‹ gelesen, ist begeistert davon und möchte Sie sofort übernehmen. Er sagte mir, Sie könnten sofort ein Fixum von ihm haben. Bitte setzen Sie sich doch unter Bezugnahme auf diese Mitteilung mal mit ihm in

Er sah aus wie ein Monteur, wie jemand, der etwas in diesem Haus reparieren wollte, ein Handwerker. Dieser Eindruck, der eines Handwerkers, hat sich bis heute noch nicht ganz für mich verloren. Er kam durch die Glasveranda an den Tisch, hinter dem ich saß, und nun sagte er, was ich vorher nur angenommen hatte, er sagte tatsächlich: »Bin ich hier richtig?« Und ich fragte ihn, was er hier wolle. »Ich soll hier lesen«, sagte er, und dann nannte er seinen Namen: »Böll aus Köln«, und dann wusste ich, wen ich vor mir hatte, den jungen Autor, den Andersch mir vorgeschlagen hatte. Ich ließ ihm sein Zimmer anweisen, und dann sah ich ihn nur selten. Er saß wohl immer ganz hinten, irgendwo, unbemerkt, es kannte ihn niemand, und er kannte wohl auch niemanden. Wenn ich ihn wirklich einmal sah, machte er auf mich einen unsicheren, bedrückten und etwas ängstlichen Eindruck. Vielleicht bedrückten ihn die vielen immer diskutierenden und redenden jungen Leute, vielleicht aber hatte er auch nur Angst vor der eigenen Lesung. Ich stellte ihn also immer weiter zurück mit Rücksicht auf seine Unsicherheit, und ich erwartete auch nichts Besonderes, nicht gerade eine Niederlage, aber auch keinen Erfolg. Endlich, am letzten Nachmittag, rief ich ihn auf. Wieder wurde nach dem Namen gefragt, wie immer, wenn ein ganz Neuer las, und ich sagte noch einmal: »Böll. Heinrich Böll.« *Hans Werner Richter, ›Die Kriegsgeneration und die Anfänge der Gruppe 47‹ (1997)*

Verbindung – ich habe den Eindruck, dass Sie da in sehr guten Händen wären.«

Am 19. Dezember 1951 schickt Böll als weitere Arbeitsprobe das Manuskript von ›Der Engel schwieg‹ an Witsch mit dem Hinweis, dass er diese Arbeit nach längerer Zeit das erste Mal wieder gelesen hat und ihm einiges daran »peinlich« wäre. »Jedenfalls steht fest, dass ich sie keinesfalls veröffentlichen werde.« Er hatte bereits ab dem Sommer geschlossene Textpassagen des Romans zu eigenständigen Kurzgeschichten (›Geschmack des Brotes‹, ›Skizze‹, ›Die Postkarte‹, ›Die Liebesnacht‹, ›Die Dachrinne‹, ›Besichtigung‹, ›Der Engel‹) umgearbeitet und publiziert. Einer der Gründe, warum ›Der Engel schwieg‹ zu diesem Zeitpunkt für Böll als Publikation nicht mehr infrage kommt, liegt sicher darin, dass für ihn der Themenkreis »Krieg – unmittelbare Nachkriegszeit« als abgeschlossen gilt. Er wendet sich nun thematisch der gesellschaftlichen Wirklichkeit der Bundesrepublik zu.

Nach der Lektüre des ›Engel‹ sichert Witsch Böll einen Vertrag für den nächsten Roman zu, wenn er »frei« wäre, also keine Verpflichtungen mehr zu Middelhauve bestünden.

Dieser Vertrag zwischen Kiepenheuer & Witsch und Heinrich Böll wird am 26. April 1952 unterzeichnet, eine Ver-

25 Heinrich Böll bei einer Tagung der »Gruppe 47« im Freien, rechts neben ihm Hans Werner Richter

einbarung, die dem Verlag die Rechte an Bölls nächstem Roman sichert und dem Autor eine monatliche Vorschusszahlung in Höhe von 400 DM garantiert. Die Rechte an den unabhängig vom Middelhauve Verlag entstandenen Kurzgeschichten bleiben von diesem Vertrag unberührt und zunächst bei Heinrich Böll. Die Familie Böll kann also relativ ruhig in die Zukunft schauen: Durch die regelmäßigen Zahlungen von Kiepenheuer & Witsch ist die materielle Grundsicherung gewährleistet. Zu dieser Zeit beginnt auch die systematische Verwertung der Kurzgeschichten und Glossen, die vielfach abgedruckt werden (ab 1953 durch die von Böll angeregte literarische Agentur »Ruhr-Story« seines Freundes Ada Kunz und dessen Frau Guni). Vor allem aber die Rundfunkarbeit trägt zur Konsolidierung der finanziellen Lage bei, wie sich an einem Beispiel schlagend demonstrieren lässt. Im Auftrag des Hessischen Rundfunks konzipiert Heinrich Böll im Frühjahr 1952 ein Feature mit dem Titel ›Léon Bloy – Existenz in Gott und der Armut‹, das am 5. August 1952 gesendet und mit 800 DM honoriert wird – fast das Vierfache von dem, was Böll für ›Der Zug war pünktlich‹, seine erste Buchpublikation im Jahre 1949, über zweieinhalb Jahre an Honorar erhielt!

Durch die erneute und intensive Beschäftigung mit Bloy gewinnt ein Autor wieder an Bedeutung, der für Böll bereits in den dreißiger

26 ›Der Engel schwieg‹ erschien erst 1992

Jahren wichtig war. Ein Zitat aus dem Sendeskript des genannten Features liest sich fast wie eine Ouvertüre zu Bölls nächstem Roman, ›Und sagte kein einziges Wort‹: »Wenn arm sein und Christ sein in dieser Gesellschaft schrecklich ist, so gibt es noch etwas Schrecklicheres: reich sein und sich Christ zu nennen. [...] Angesichts der munter sich restaurierenden Gesellschaft besitzender und besitzverteidigender Christen ist die Lektüre Léon Bloys ein großer Trost; er beschönigt nichts, wo nichts zu beschönigen ist.«

Den Sommer über entstehen die ersten Typoskripte der zunächst ›Im Karussell‹ betitelten Arbeit, die Böll Ende Dezember als 196-seitiges Manuskript unter dem Titel ›Die Imbissbude‹ im Verlag einreicht. Als ›Und sagte kein einziges Wort‹ erscheint die Arbeit im März 1953. Ein Roman, der in vielerlei Hinsicht, des angewandten schriftstellerischen Verfahrens und seines »Erfolgs« wegen, eine markante Publikation im Autorenleben Heinrich Bölls darstellt.

Seine, wie er es später formulieren wird, »Gebundenheit an Zeit und Zeitgenossenschaft« bewirkt in der Auswahl und Verarbeitung seiner Stoffe und Themen eine zeitgeschichtliche Nähe, die sich in dem gerade erschienenen und den folgenden Romanen und größeren Erzählungen darin ausdrückt, dass ihre jeweilige Gegenwartshandlung an die reale Schreibgegenwart heranreicht – etwa im Roman ›Billard um halb zehn‹, der 1959 publiziert wird und an einem einzigen Tag, dem 6. September 1958 spielt, oder Bölls wohl berühmteste Erzählung, ›Die verlorene Ehre der Katharina Blum‹, die an den Karnevalstagen im Februar 1974 angesiedelt ist und im Spätsommer des gleichen Jahres erscheint.

Zur Person nur soviel: Obwohl als einzelner schreibend, ausgestattet nur mit einem Stoß Papier, einem Kasten gespitzter Bleistifte, einer Schreibmaschine, habe ich mich nie als einzelnen empfunden, sondern als Gebundenen. Gebunden an Zeit und Zeitgenossenschaft, an das von einer Generation Erlebte, Erfahrene, Gesehene und Gehörte ...

›Frankfurter Vorlesungen‹ (1964)

Heinrich Böll gilt spätestens seit Erscheinen von ›Und sagte kein einziges Wort‹ als Autor des »Kleine-Leute-Milieus«. Zu Bölls Protagonisten werden in diesem Zuge als abfällig betrachtete Existenzen, die den an sie gestellten Anforderungen nicht entsprechen und zu gesellschaftlichem »Abfall« werden. Den in diesem Sinn »abfälligen« Menschen gilt die ganze Aufmerksamkeit und Sympathie des Erzählers Böll, wodurch das »Abfällige« einen moralisch positiven Sinn erhält. Für Böll spiegelt sich der moralische Zustand einer Gesellschaft durch eben diesen Ausgrenzungsvorgang.

Während in der Bundesrepublik unter dem Einfluss von katholischer Kirche und CDU/CSU bürgerliche Familienideale eine Renaissance erleben, begründet auf christlich-bürgerlichen Leitbildern und der »natürlichen Ordnung«, macht Böll in diesem Roman auf die Wechselwirkung zwischen diesem ideellen Ehe- und Familienbild, etwa dem »Reichtum« an Kindern, und den akuten gesellschaftlichen Realitäten aufmerksam, die den »Kinderreichtum« einzelner Familien bestraft. In 13 Kapiteln vergegenwärtigen wechselweise die beiden Hauptfigu-

27 Umschlag zu Bölls erstem Buch bei Kiepenheuer & Witsch, 1953

ren, das Ehepaar Fred und Käte Bogner, ihre bedrückenden und aussichtslos scheinenden Lebensumstände.

Zu Heinrich Bölls und seines Verlegers großer Überraschung wird der Roman ein »buchhändlerischer« Erfolg. Bis November 1953 muss dreimal nachgedruckt werden, und die Auflagen erreichen damit die für Böll »schwindelerregende« Höhe von 17000 Exemplaren. Für den Erfolg des Buches scheinen zwei Gründe ausschlaggebend. Die von Böll verarbeitete Thematik »trifft«. Bis in den April 1954 hinein erscheinen zahlreiche Rezensionen, in denen zum einen der »Zeitkritiker« Böll gefeiert, er zum anderen aber als Kritiker des kirchlichen Milieus heftig zurückgewiesen wird. 1977 erinnert sich Böll: »Es gab damals heftige Diskussionen über ›Und sagte kein einziges Wort‹ innerhalb des katholischen Milieus in Deutschland. Es war sozusagen ein Roman, der unerträglich war fürs Milieu, mehr als manches, was ich später geschrieben habe, gerade wegen dieser ehekritischen und existenzialistischen und etwas anarchistischen Elemente. Es gab also Diskussionen, auch einige, an denen ich teilnahm, und ich erinnere mich, daß ich sagte: ›Ich kann mir eine Ehe ohne Ironie gar nicht vorstellen.‹ Und da ging es los, da platzte die Bombe, da hatte ich einen wunden Punkt berührt, natürlich damit auch die Herrschaft des Mannes angetastet.«

Bölls wachsender Bekanntheitsgrad kann aber nicht allein den Rezensionen zugeschrieben werden. Mit ursächlich dafür ist seine zunehmende Präsenz im Rundfunk, dem wichtigsten Massenmedium der Zeit, das ein Millionenpublikum erreicht und ihn als Autor bekannt macht. Es sind nicht nur seine Feature-Beiträge und seine im Rund-

---

Es hat mir nicht nur sehr, sehr gut gefallen, sondern ich halte es auch für das beste Buch, das in der Nachkriegszeit geschrieben worden ist. Dieser schnelle Fortschritt bei Dir hat mich mehr als überrascht. [...] Ich habe mich sehr darüber gefreut und bin auch ein wenig stolz darauf, weil, ja weil Du einmal den »Preis der Gruppe 47« bekommen hast und weil das Buch aus der Gruppe kommt. Hättest Du den Preis noch nicht bekommen, so müßtest Du ihn jetzt haben.

Hans Werner Richter an Heinrich Böll (1. Mai 1953)

funk gelesenen Erzählungen, Böll »entdeckt« für sich als Ausdrucksmöglichkeit die Dramen-Form des Rundfunks, das Hörspiel. Seine Premiere in diesem Genre erfolgt 1952, als am 8. Juni seine Bearbeitung des achten Kapitels von ›Wo warst du, Adam?‹ unter dem Titel ›Die Brücke von Berczaba‹ vom Hessischen Rundfunk gesendet wird. 1953 sind es insgesamt vier Hörspiele, die ausgestrahlt werden.

Zu den Publikationserfolgen treten 1953 vier Auszeichnungen. Er erhält den Erzählerpreis des Süddeutschen Rundfunks, den Literaturpreis des Verbandes deutscher Kritiker, die Ehrengabe des Kulturkreises im Bundesverband der deutschen Industrie und er wird als Mitglied in die Deutsche Akademie für Sprache und Dichtung aufgenommen.

Als erste Übersetzungsarbeit von Annemarie und Heinrich Böll erscheint Kay Cicellis ›Kein Name bei den Leuten‹ bei Kiepenheuer & Witsch. Gut 30 Jahre später wird die Liste insgesamt 71 aus der englischen Sprache übersetzte Bücher umfassen, unter denen sich Romane und Kurzgeschichten-Sammlungen ebenso finden wie Theaterstücke und Kinderbücher. Joseph Caspar Witsch warnt Heinrich Böll schon früh, sich nicht mit der Übersetzerarbeit zu verzetteln. Böll beruhigt ihn und klärt Witsch über seinen tatsächlichen Anteil bei den Übersetzungen auf: »Was die Übersetzungsarbeit betrifft, so täuschst Du Dich – glaube ich – ich mache sie ausgesprochen gern, es ist eine großartige Stilübung und eine ausgezeichnete Arbeit, sich in die Bilder und Gedankenwelt eines anderen Autors einzuarbeiten. Das stört die eigene Arbeit nicht. Es ist eben nur quantitativ eine Mordsarbeit; doch ist es ja

---

Die **Hörspiel- und Feature-Redaktionen** übernahmen für das Entstehen der modernen deutschen Gegenwartsliteratur nach 1945 eine fast schon mäzenatisch zu nennende Funktion. Alfred Andersch, Helmut Heissenbüttel, Ernst Schnabel und viele andere stehen in ihrer redaktionellen Hörfunkarbeit dafür, daß im Radio-Essay, im Feature und anderen Programmformen Autoren zu Wort kamen, daß hier neue Ideen und Konzepte artikuliert werden konnten.
(Hansers Sozialgeschichte der deutschen Literatur, Bd. 10)

so, daß wirklich 90 Prozent der Arbeit von meiner Frau allein getan werden.«

Ebenfalls 1953 wurde unter dem Eindruck der erfreulichen materiellen Entwicklung ein schon länger diskutiertes Projekt in Angriff genommen: der Bau eines eigenen Hauses im westlichen, damals noch ländlichen Kölner Vorort Müngersdorf. Durch Vermittlung von Friedrich Middelhauve bot die Stadt Köln der Familie dort ein günstiges Grundstück an, auf dem man mit einem Darlehen des Verlages und von Mechthild Böll aufgenommenen Krediten das Bauvorhaben begann. Im April 1954 löst sich die inzwischen auf 16 Personen angewachsene Großfamilie Böll im seit Kriegsende bewohnten Haus in der Schillerstraße auf. Annemarie und Heinrich Böll ziehen mit ihren Kindern sowie Viktor und Mechthild Böll aus diesen beengten Wohnverhältnissen in die Belvederestraße 35.

Im November 1953 beginnt Heinrich Böll ein neues literarisches Vorhaben unter dem Arbeitstitel ›Die Kinder des Vaterlandes‹, das als ›Haus ohne Hüter‹ im August 1954 als zweiter Roman bei Kiepenheuer & Witsch erscheint. Die »Kinder des Vaterlandes« sind die Kinder aus Familien, deren Haus nicht »behütet« ist, weil die Väter als Soldaten

28 Die erste publizierte Übersetzung von Annemarie und Heinrich Böll bei Kiepenheuer & Witsch

im Krieg »geblieben« sind. In wechselnden personalen Sichtweisen wird das Leben zweier Jungen, Heinrich Brielach und Martin Bach, beschrieben, die als Kinder von Witwen aufwachsen – der eine in einem bürgerlichen, der andere in einem proletarischen Milieu. Dabei bildet nicht nur das Erleben der Kinder, sondern die je nach Herkunft unterschiedlich zu führende soziale Auseinandersetzungen der Witwen das Thema des Romans. Neben der facettenreichen Schilderung der unterschiedlichen Milieus beider Familien ist ein zentrales Thema die so genannte Onkelehe, die 1954 gesellschaftlich virulent war, weil viele Kriegswitwen nicht wieder heirateten, um die nach dem Tod des Mannes gezahlte Rente nicht zu verlieren – ein gesellschaftliches Phänomen, das insbesondere von den Kirchen ignoriert wurde.

›Haus ohne Hüter‹ erscheint mit einer Startauflage von 10 000 Exemplaren und wird kurz nach Erscheinen von einzelnen Publikationen zum »Buch des Tages«, zum »Buch der Woche« und sogar zum »Buch des Monats« erklärt – nach Heinrich Bölls Neubeginn zwei Jahre zuvor bei Kiepenheuer & Witsch ist er nun ein »etablierter« Autor.

Heinrich Böll als literarischer »Botschafter« der Bundesrepublik Deutschland

›Haus ohne Hüter‹ ist nicht nur ein in der Bundesrepublik gefeierter Roman, er bringt Heinrich Böll auch eine erste internationale Ehrung ein, als das Buch 1955 in französischer Sprache erscheint (›Les enfants des morts‹) und den Preis der französischen Verleger als bestes ausländisches Buch des Jahres erhält. Dieser Preis ist Ausdruck der wachsenden Beliebtheit Bölls insbesondere in den europäischen Nachbarstaaten. Die erste nachgewiesene Übersetzung eines Textes Heinrich Bölls ist 1951 in französischer Sprache: ›Die schwarzen Schafe‹ – ›Les brébis noires‹. Es folgen 1952 weitere Publikationen von Kurzgeschichten in Frankreich (›Über die Brücke‹ und ›Die Postkarte‹) und eine erste russische Übersetzung (›Mein teures Bein‹). Im Mai 1953 wird Heinrich Böll u. a. zusammen mit Luise Rinser, Alfred Andersch und Rudolf Hagelstange zu einem mehrtägigen deutsch-französischen Schriftstellertreffen nach Paris eingeladen, wo sie mit jungen französischen Autoren über die Probleme der Gegenwartsliteratur ihrer Länder diskutieren – ein Treffen, über das in mehreren Pariser Zeitungen berichtet wird. Böll wird als »junger« deutscher Autor bekannt, und als im Herbst 1953 ›Le train était à l'heure‹ (›Der Zug war pünktlich‹) in drei Folgen in der von Jean-Paul Sartre herausgegebenen Zeitschrift ›Le temps moderne‹ erscheint, löst das eine Reihe weiterer Übersetzungen in Frankreich aus – ein Erfolg, der die Aufmerksamkeit auch anderer Länder auf Böll lenkt. Bis 1956 sind 37 Übersetzungen von Einzeltexten und Romanen Bölls in 14 Ländern und 13 Sprachen (chinesisch, dänisch, englisch, finnisch, französisch, italienisch, niederländisch, norwegisch, polnisch, spanisch, schwedisch, russisch) bekannt. Inzwischen, 2002, sind über 3000 Übersetzungen von Einzeltexten in 28 Ländern und über 30 Sprachen erfasst.

Die Publikation der Bücher Heinrich Bölls hat zur Folge, dass er auch häufiger zu Lesereisen ins Ausland eingeladen und so, wie der tschechische Literaturwissenschaftler Eduard Goldstücker einen Artikel über ihn betitelt, zum »Botschafter Böll« wird.

◄ 29 Das Haus der Familie in der Belvedere Straße 35, Köln-Müngersdorf

Die widerstandlose Gesellschaft

Mitte der fünfziger Jahre nimmt die Auseinandersetzung Heinrich Bölls und anderer Autoren und Intellektueller mit dem Adenauer-Staat und der katholischen Kirche als eine diesen Staat tragende Institution neue Formen an. In einem Interview äußert sich Böll über diese Zeit: »Politisiert war ich schon lange, und ich habe die Währungsreform schon sehr kritisch beobachtet, die Bedingungen, unter denen sie stattfand. Aber innenpolitische Aktivität habe ich erst entwickelt, als mir klar wurde, daß die Befreier uns im Stich lassen würden, was die Wiederaufrüstung betraf. Das war sehr deutlich zu spüren so 50, 51, daß wir wieder aufgerüstet werden sollten, daß man sehr, sehr gnädig mit alten Nazis und regelrechten Kriegsverbrechern umging, die alle entlassen wurden und so irgendwo versteckt, alte Generäle auch Politiker. Und die Tendenz dieser scheinbaren Milde war deutlich zu spüren dann 52, 53 usw., [...] von da an ist die deutsche Innenpolitik eigentlich permanent korrumpiert worden, aus äußerem Druck, zum Teil auch aus Anpassung, und von da an hat sich mein politisches Engagement, wie man das nennt, entwickelt – verschärft auch.«

30 Heinrich Böll beim Federballspiel Mitte der fünfziger Jahre

Die »Politisierung« Bölls erfordert eine neue, essayistische Form, mit der er sich aufklärerisch an den Debatten der Zeit beteiligt. Daraus ergibt sich eine Zeitgenossenschaft, die den Erzähler Heinrich Böll hinführt zu den beiden großen Romanen ›Billard um halbzehn‹ (1959) und ›Ansichten eines Clowns‹ (1963).

Im April 1949 wurde die NATO als Verteidigungspakt der westlichen Länder unter der Führung der USA gegründet, um in dem sich abzeichnenden Kalten Krieg vor allem in Europa eine Gegenmacht zu den Staaten des Ostblocks unter Führung der Sowjetunion zu bilden. Spätestens mit Ausbruch des Korea-Krieges 1950 besteht die Absicht, die Bundesrepublik Deutschland in dieses Bündnis mit einzubeziehen. Um einen Wandel in der – nach den Erfahrungen im Zweiten Weltkrieg – mehrheitlich pazifistisch eingestellten Bevölkerung zu erreichen, musste die letzte Gruppierung »weißgewaschen« werden, der eine Hauptschuld an den nationalsozialistischen Verbrechen und dem Krieg zugesprochen wurde: die deutsche Wehrmacht. Die Rehabilitierung des Militärs erfolgte 1951, als der Oberkommandierende der amerikanischen Truppen in Europa, Dwight D. Eisenhower, öffentlich von einem »wirklichen Unterschied zwischen dem deutschen Soldaten und Offizier einerseits und Hitler und seinen verbrecherischen Helfern« andererseits spricht.

Zu einem Hauptziel der Bundesregierung wurde die Wiederbewaffnung erklärt, die trotz heftiger Debatten 1956 mit dem durch den Bundesrat einstimmig verabschiedeten Soldatengesetz und der Gründung der Bundeswehr realisiert wird.

Im August 1954 Jahres erscheint in der Kölner Jugendzeitung des Gewerkschaftsbundes ›Aufwärts‹ ein Leitartikel von Heinrich Böll, ›**Wir sind so milde geworden**‹, in dem er restaurative Tendenzen in Politik und Gesellschaft anprangert: »Minister halten Reden, die sie, ohne im geringsten gefährdet gewesen zu sein, gerade so gut 1936, 1939 oder 1943 hätten halten können – ein großes Heim-ins-Reich-Geschwätz ...« Der Vorwurf richtet sich vor allem an eine Gesellschaft, die einer Verharmlosung und Relativierung von Naziverbrechen

Die beabsichtigte Einbindung der Bundesrepublik führte auch dazu, dass die zunächst mit großem Ehrgeiz von den Besatzungsmächten nach dem Kriegsende vorangetriebene Entnazifizierung bald beendet wurde. So wurden viele Verfahren gegen Nationalsozialisten eingestellt, die meisten der Überprüften als reine Mitläufer oder als Entlastete eingestuft. Beispielhaft ist die Nachkriegskarriere des von Konrad Adenauer zum Staatssekretär im Bundeskanzleramt berufenen Hans Globke – ein hoher Mitarbeiter des Reichsinnenministeriums und u. a. amtlicher Kommentator der Nürnberger Rassengesetze.

In ihrer Politik wird die CDU/CSU als »christliches« Parteienbündnis von der katholischen Kirche unterstützt. Ihre Hilfestellung liegt nicht nur darin, sich zu Wahlkampfzeiten mit Hirtenbriefen an die Gläubigen zu wenden und zur Wiederwahl Adenauers aufzurufen, sie erklärt auch z. B. die Wehrdienstverweigerung als nicht mit christlichem Denken vereinbar.

Mit dem sich abzeichnenden restaurativen Umgang mit der jüngsten deutschen Vergangenheit beschäftigt sich ein zum Gründonnerstag 1954 erscheinender kleiner Text, dem Böll den programmatischen Titel ›Auferstehung des Gewissens‹ gibt. Er beklagt, dass im Schulunterricht und in den Familien keine Aufklärung über die Verbrechen der Nationalsozialisten stattfindet. »Die Lehrerin hatte über die Juden gesprochen, und es stellte sich heraus, daß nicht ein einziges von vierzig Kindern um die Judenvernichtung wußte, um den kaltblütigsten Pogrom, der je in der abendländischen Geschichte stattfand. [...] Unsere Kinder wissen nicht, was vor zehn Jahren geschehen ist. Sie lernen die

---

nichts entgegensetzt, diese vielmehr widerstandslos hinnimmt: »Wir aber sind so milde geworden, so vernünftig, so einsichtsvoll und so nachsichtig – daß wir aus einem Nazi einen ›Nazi‹, aus einem Kriegsverbrecher einen ›Kriegsverbrecher‹ werden lassen: Wir lassen die Tyrannei der Anführungsstriche über uns walten [...] Ein Nazi aber ist ein Nazi, ganz ohne Anführungsstriche, und was uns die Nazis bescherten, war Blut und Dreck und – Ehre, Ruhm, Opfer, Vaterland und Heim ins Reich. [...] Wir aber, wir sind so milde geworden, so brav, wir

Keine andere Wahl haben, das ist ein großes Wort, aber ich habe auf die Frage, warum ich schreibe, bisher keine bessere Antwort gefunden: Kunst ist eine der wenigen Möglichkeiten, Leben zu haben und Leben zu halten, für den, der sie macht, und für den, der sie empfängt. So wenig wie Geburt und Tod und alles, was dazwischen liegt, Routine werden können, so wenig kann es die Kunst. Freilich gibt es Menschen, die ihr Leben routiniert leben; nur: sie leben nicht mehr. Es gibt Künstler, Meister, die zu bloßen Routiniers geworden sind, aber sie haben – ohne es sich und den anderen einzugestehen – aufgehört, Künstler zu sein. Man hört nicht dadurch, daß man etwas Schlechtes macht, auf, ein Künstler zu sein, sondern in dem Augenblick, in dem man anfängt, alle Risiken zu scheuen.

›Das Risiko des Schreibens‹ (1956)

Namen von Städten kennen, mit deren Nennung sich ein fader Heroismus verbindet: Leuthen, Waterloo, Austerlitz, aber von Auschwitz wissen unsere Kinder nichts.«

1956 tritt eine Intensivierung im politischen Engagement Bölls ein. Hatte er bislang seine Kommentare zur Zeitgeschichte in Zeitungsbeiträgen platziert, wird er sich nun an der Diskussion in politischen Gruppierungen beteiligen, Reden halten, öffentliche Protestresolutionen unterstützen.

Im Februar 1956 bildet sich der nach seinem Entstehungsort benannte Grünwalder Kreis. Auf Einladung von SPD-Politikern, dem Publizisten Gerhard Scszesny und Hans Werner Richter kommen etwa 50 Politiker aus verschiedenen Parteien, Wissenschaftler, Publizisten und Schriftsteller, darunter auch Heinrich Böll, in Grünwald bei München zusammen, um sich über Maßnahmen gegen den wachsenden Militarismus und Neonazismus in der

lassen uns alles gefallen […]« Böll appelliert an die Verantwortung des Bürgers für die Republik und unterscheidet zwischen einem bloßen »Schimpfen […] auf die Restauration« als passivem Akt und einer aktiven Beteiligung an der jungen Demokratie, deren Entwicklung zu beobachten er beschwört: »Wir sollten die Reden Wort für Wort studieren, mit dem Rotstift in der Hand, denn in einer Republik leben heißt nicht, ein Schaf zu sein.«

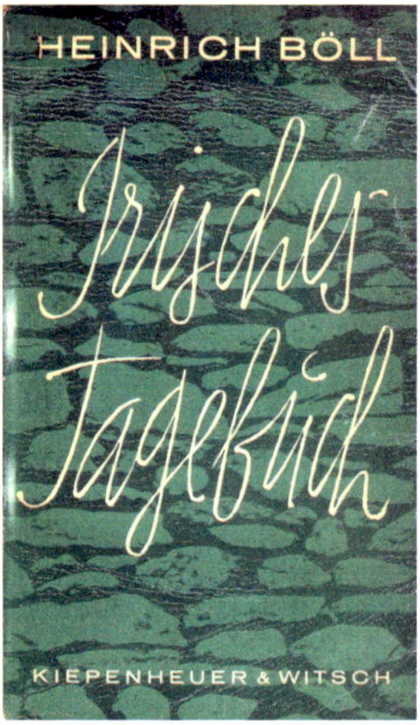

Bundesrepublik zu verständigen. Betont wird, dass die Demokratie gleichermaßen vor rechtem wie linkem Totalitarismus geschützt werden müsse. Zentraler Diskussionspunkt des ersten Treffens ist die Bedeutung der Kritik der Intellektuellen an der Regierung und an einer konservativ-reaktionären Entwicklung der Bundesrepublik.

Unmittelbar danach hält Heinrich Böll im Rahmen der Woche der Brüderlichkeit in Bonn seine erste öffentliche Rede, ›Wo ist dein Bruder?‹: »Die Frage, die an uns gerichtet wird – ›Wo ist dein Bruder?‹ –, auf diese Frage sollten wir uns nicht die unverbindliche Antwort erlauben: Mein Bruder ist in der Geschichte verlorengegangen. Wo, an welchem Punkt dieser Geschichte ist er verlorengegangen? Ist er in Maidanek ermordet worden, in einem Kriegsgefangenenlager verhungert, in Rußland gefallen, oder ist er als Deserteur erhängt worden? […] Auschwitz liegt nicht sehr weit entfernt von Austerlitz. Austerlitz ist der Platz in unseren Geschichtsbüchern gesichert. Hoffen wir, sorgen wir dafür, daß auch für Auschwitz der Platz gesichert wird, und hüten wir uns vor den vielen Nullen, die in den Geschichtsbüchern am Ende der Zahlen stehen, unsere Brüder sind verborgen hinter den sieben Nullen einer achtstelligen Zahl: ein gan-

31 Umschlag des ›Irischen Tagebuchs‹, 1957
Nachdem Heinrich Böll die Arbeiten an ›Haus ohne Hüter‹ abgeschlossen hatte und die Familie sich in dem Haus in Müngersdorf eingerichtet hatte, ging er auf eine Erholungsreise. Er besuchte ein Land, das er bisher nur durch die Literatur kannte: Irland, das von da an eine Art zweiter »Heimat« für ihn und seine Famile wurde. Basis für Exkursionen war dabei einer der entlegensten westlichen Teile Irlands, Achill Island, wo die Famile sich 1958 ein Haus kaufte.

Irland
Seinem Arbeitsbuch ist zu entnehmen, dass Heinrich Böll in Irland insgesamt 68 literarische Arbeiten verfasst hat. Als umfangreichster erzählerischer Text ist ›Das Brot der frühen Jahre‹ (1955) zu nennen.

Die besondere Beziehung Heinrich Bölls zu Irland drückt er vor allem in ›Irisches Tagebuch‹ aus, eines seiner bekanntesten Bücher. 1957 als Buch publiziert, waren die 18 Einzelbeiträge darin schon ab 1954 entstanden und zum großen Teil vorab gedruckt. Das ›Irische Tagebuch‹ gilt inzwischen als eine Art Pflichtlektüre für Irlandreisende. Es erschien 1961 als erster Band im neu gegründeten Deutschen Taschenbuch Verlag (dtv) – allein von der Taschenbuchausgabe wurden inzwischen weit über eine Million Exemplare verkauft.

Annemarie und Heinrich Böll haben zudem zahlreiche irische Autoren wie Sean O'Casey und Brendan Behan durch Übersetzungen dem deutschen Publikum bekannt gemacht. Neben dem ›Irischen Tagebuch‹ schrieb Heinrich Böll das Drehbuch zum Fernsehfilm ›Irland und seine Kinder‹ (1961) und darüber hinaus noch eine Reihe von Rezensionen und Essays, die seine besondere Nähe zu Irland und den Iren verdeutlichen, etwa: ›Dreizehn Jahre später‹ (1967) – sein Resümee 13 Jahre nach seiner ersten Reise – oder ›Die Ursachen des Troubles mit Nordirland‹ (1970) – über den Konflikt zwischen der Republik Irland und der zu Großbritannien gehörenden Provinz Ulster.

»Es gibt dieses Irland: Wer aber hinfährt und es nicht findet, hat keine Ersatzansprüche an den Autor.« (*Vorspruch des ›Irischen Tagebuchs‹*)

zes Volk von Toten, dessen Fürsten die ermordeten Kinder sind.«

Die folgenden Reden – etwa zum Volkstrauertag 1958 (›Heldengedenktag‹), 1959 zur Woche der Brüderlichkeit (›Preis der Versöhnung‹), 1960 vor dem Bund der Ver-

Aufenthalte in Irland
Zwischen 1954 und 1957 jährlich
für mehrere Wochen/Monate:

1958: Juli/August
1960: Mai bis September
1962: Juni bis August
1963: April bis September
1965: April/Mai
1966: Juli/August
1967: Juli bis September
1971: August/September
1973: November/Dezember
1983: Mai

folgten des Naziregimes (›Warnung vor Herrn X‹) – zeigen, wie desillusionierend es für Böll wurde, durch Auftritte dieser Art eine »Auferstehung des Gewissens« zu erreichen. Weder die politischen Kreise noch die Gesellschaft zeigen sich beeindruckbar. Die Gesellschaft steht schweigend und widerstandslos zu dem, was in der von der CDU/CSU bestimmten Politik geschieht.

Auch die einzig nennenswerte Protestbewegung dieser Zeit in Gestalt der Ostermärsche findet keinen nennenswerten Rückhalt in der Bevölkerung. Die Ostermärsche richteten sich gegen die nach dem Aufbau der Bundeswehr geplante Stationierung von Atomwaffen auf dem Gebiet der Bundesrepublik und machten auf die Gefahren eines Atomkriegsszenarios in Europa aufmerksam. Doch die Politiker bagatellisierten die Gefahren. Hatte Adenauer noch 1954 von der »ungeheuren Gefährlichkeit der Atomwaffen« gesprochen, sprach er 1957 davon, dass »die taktischen [Atom-] Waffen nichts weiter als die Weiterentwicklung der Artillerie« seien und diffamierte die Atomwaffengegner als »Narren«, die sich »am deutschen Volk versündigten«.

Weiterhin beschäftigt Böll die Frage, wie durch Aufklärung über die deutsche Geschichte Gewissensregungen bewirkt werden können. Annemarie und Heinrich Böll beschließen zusammen mit Kölner Freunden in einer Art Bürgerinitiative 1958 einen Verein zu gründen mit dem Ziel, in Köln eine Bibliothek zur Geschichte des Judentums in Deutschland, die »Germania Judaica«, aufzubauen – eine

Im Gepränge der Feiern wird genau das übertönt, auf das wir lauschen sollten: das Schweigen der Toten. […] Der Heldentod, der ihnen so großzügig bescheinigt wird, ist politische Münze, ist als solches Falschgeld. […] Die fürchterliche Apparatur der Meinungsmaschinen wird auf die Feiern gerichtet: Presse, Funk, Film; Musik erklingt, die amtliche Träne, das bewegte Gesicht, die zuckende Hand, sie werden dem Zeitgenossen gezeigt, der im Klubsessel sitzt, am Bildschirm dem Trauerakt folgt; er fühlt sich zur Rührung verpflichtet und legt für einen Augenblick die Zigarre aus der Hand, nur für einen Augenblick, er, der mit größerer Schuld beladen ist als mit politischem Irrtum: mit Gleichgültigkeit. *›Heldengedenktag‹ (1957)*

Bibliothek, die heute noch existiert und inzwischen ein Zentrum der Judaistik in aller Welt geworden ist.

Der Blick auf den politischen »Zeitgenossen« und Bürger Heinrich Böll, der sich in den fünfziger Jahren verstärkt in die Debatten der Zeit einmischt, darf nicht den Eindruck entstehen lassen, als würde der Erzähler hinter dem Essayisten zurücktreten. Mit Beginn der außerparlamentarischen Protestbewegung um 1966 und verstärkt noch Anfang der siebziger Jahre wird sich das schriftstellerische Werk in seinen Schwerpunkten sehr verändern: Der Essayist und Redner tritt als Repräsentant des unabhängigen Intellektuellen in den Mittelpunkt und begründet so seine von der Öffentlichkeit zugeschriebene Rolle als »Gewissen der Nation« – eine Bezeichnung, die Böll stets und vehement zurückgewiesen hat.

Mit insgesamt vier Romanen, die in acht Jahren veröffentlicht werden, den großen Erzählungen ›Das Brot der frühen Jahre‹ (1955), ›Im Tal der donnernden Hufe‹ (1957), die »Meisterstücke« genannten Satiren wie ›Nicht nur zur Weihnachtszeit‹ (1952) und ›Doktor Murkes gesammeltes Schweigen‹ (1955), der Vielzahl an publizierten Kurzgeschichten, dem ›Irischen Tagebuch‹ und den Hörspielen

32 Heinrich Böll vor dem Haus in der Belvedere Straße 35 mit seinen Söhnen (von links) Vincent, Raimund und René, daneben der Neffe Viktor Böll

schreibt sich Böll in das Bewusstsein der bundesrepublikanischen Öffentlichkeit. Insbesondere das fiktionale Werk festigt in den fünfziger Jahren seinen Ruhm. Die Regelmäßigkeit, mit der Böll ein neues Werk vorlegt, führt bald dazu, dass die Öffentlichkeit sich bei einer Publikationspause geradezu ungeduldig zeigt, wie 1957 geschehen. Zu diesem Zeitpunkt waren bereits drei Jahre seit dem Erscheinen des letzten Romans, ›Haus ohne Hüter‹, vergangen, und der Literaturbetrieb fragte sich, wann Heinrich Böll denn einen weiteren »Großtext« vorlegen werde.

»Schreibt er den großen Roman? Erwartungen an den Schriftsteller Heinrich Böll«, titeln die ›Ruhr-Nachrichten‹ vom 26./27. Oktober 1957 und geben damit einen ersten Hinweis darauf, dass Böll ein neues erzählerisches Projekt angeht. Der neue Roman soll laut Böll »die Geschichte eines fünfzigjährigen Mannes werden und die Zeit von 1900 bis heute filtrieren«. Durch Schreibpausen nur diskontinuierlich betrieben und über verschiedene

Morgens, wenn ich erwacht bin, denke ich schon darüber nach, welches Problem schmutzig und zeitnah genug und damit wert ist, dargestellt zu werden. Wie andere Weihrauchstäbchen entzünden, lasse ich – um mich in die richtige Stimmung zu versetzen – von meinen Söhnen ein wenig Trümmerstaub im Schlafzimmer ausbeuteln ... woraufhin dem Beutel ein feiner, köstlich nihilistischer Staub entsteigt: jenes Stimulans, ohne das ich einfach nicht arbeiten kann; ich atme diesen Puder der Vernichtung, wie andere Opium, Haschisch schlucken mögen, tief ein, woraufhin sich bei mir ein rauschhafter Zustand einstellt, jener, in dem allein ich zu schreiben fähig bin.

Ich frühstücke ..., englisch und vornehm, rasiere mich trocken und denke, während der Rausch sich steigert, darüber nach, wie ein Satz aussehen muß, in dem sich mindestens drei Doppelpunkte – meine Lieblingssatzzeichen – verwenden lassen; aber außer der Interpunktion spielt natürlich der Inhalt eine gewisse Rolle; dieser muß unbedingt trostlos sein: er darf dem Leser keine Hoffnung lassen; etwa der Satz: Er schlug ihr die Essigflasche über den Kopf: grüne Glassplitter klirrten zu Boden, rollten an ihrem Körper herab, und die saure Brühe rann ihr über Brust, Hals und an den Beinen herunter: mager diese, mit Krampfaderknoten: blaue Geschwulste, die zu platzen drohten.

›Selbstkritik‹ (1956)

Arbeitstitel wie »Stationen« und »Weide meine Lämmer« geführt, findet das Buch im Frühjahr 1959 seinen endgültigen Titel: ›Billard um halbzehn‹.

Eine der Aktivitäten, die zu einer Unterbrechung in der Romanarbeit führen, ist eine Anfrage des Publizisten Alfred Horné, einen Beitrag zu dem von ihm herausgegebenen Band ›Christ und Bürger heute und morgen‹ beizusteuern. Heinrich Böll verfasst einen seiner bekanntesten Essays, den an einen fiktiven Adressaten gerichteten ›Brief an einen jungen Katholiken‹.

Gegenstand des Textes sind Bölls Reflexionen über den momentanen Zustand der katholischen Kirche, die sich weniger um moralische als um politische Fragen kümmert und dabei keinen Weg zwischen den politischen Lagern, sondern in Verbindung mit ausschließlich einer politischen Gruppierung, der CDU/CSU, sucht.

»Alle sind einsichtig und intelligent genug, um zu wissen, daß die Fast-Kongruenz von CDU und Kirche verhängnisvoll ist, weil sie den Tod der Theologie zur Folge haben kann; es ist doch einfach nur peinlich, nichts anderes als peinlich, wenn man Stellungnahmen von Theologen zu politischen Fragen liest; das ist stramm auf Bonn gezielt, und man spürt hinter jedem Satz einen Eifer, der auf das Schulterklopfen wartet. So können Sie […] getrost etwaige Zweifel am Dogma von der leiblichen Himmelfahrt Mariens äu-

33 Die Sammlung der Satiren der fünfziger Jahre ›Doktor Murkes gesammeltes Schweigen‹ erschien 1958.

ßern; [...] sollte es Ihnen jedoch einfallen, Zweifel am (unausgesprochenen) Dogma von der Unfehlbarkeit der CDU zu äußern, so wird Pfarrer U. auf eine nervöse Weise ungemütlich und unsubtil. [...] Sollten Sie Zweifel äußern an irgendeinem Satz des Heiligen Vaters, der eine Wiederbewaffnung Deutschlands rechtfertigen könnte, wird das Gespräch wiederum höchst ungemütlich. [...] Die Politik ist hart geworden und die Theologie weich. Häresien gibt es keine mehr, die Theologen haben sich aufs politische Feld drängen lassen und spielen hilflos bei diesem Spiel mit vernagelten Toren mit. Adenauer ist katholisch, Strauß und einige andere sind es; was wollen wir mehr?«

Noch vor seiner Buchpublikation sollte der ›Brief‹ im Süddeutschen Rundfunk in der Reihe »Radio-Essay« ausgestrahlt werden. Obwohl die Sendung von Intendant Fritz Eberhard (SPD) genehmigt worden war, wurde sie kurzfristig auf Intervention des neuen Intendanten Hermann Bausch (CDU) abgesetzt – ein offensichtlicher Fall politischer Einflussnahme.

Im Mai 1959 beendet Heinrich Böll die Arbeit am Manuskript von ›Billard um halbzehn‹. Im Juli, während der

34 Heinrich Böll und Joseph Kardinal Frings, Erzbischof von Köln, 1961

Korrekturen der Druckfahnen, schreibt er an Joseph Caspar Witsch: »Ich liebe dieses Buch sehr. Es wird mein Lieblingskind werden, kein Wort zuviel, keins zu wenig, selbst seine Schwächen, geringe, gehören zu ihm.«

Die erzählte Zeit im Roman ›Billard um halbzehn‹ umfasst die bis dahin größte Zeitspanne. Anhand der Schilderung der Architektenfamilie Fähmel über drei Generationen hinweg entwickelt der Roman ein Panorama deutscher Realität in der ersten Hälfte des 20. Jahrhunderts. Die Gegenwartshandlung konzentriert sich auf einen Tag, den 6. September 1958, den 80. Geburtstag von Heinrich Fähmel. Fähmels Hauptwerk als Architekt ist die Errichtung der Abtei St. Anton, die durch seinen Sohn Robert im Krieg zerstört und von seinem Enkel Joseph wieder aufgebaut wird. Der Roman ist wohl der symbolträchtigste im Werk von Heinrich Böll. Während die Abtei Destruktion und Restauration zugleich symbolisiert, stehen im Roman zwei Gruppen einander gegenüber: die gewalttätigen »Büffel« und die friedfertigen und wehrlosen »Lämmer«. Die einen, die Machtmenschen, die während des Dritten Reichs NS-Anhänger waren, besetzen in der Nachkriegszeit bald wieder hohe Regierungsämter, während die anderen durch Folter, Flucht und andere Leiden »gebrochene« Menschen sind.

›Billard um halbzehn‹ erscheint im Herbst 1959 fast gleichzeitig mit zwei weiteren wichtigen Romanen der Nachkriegszeit, Günter Grass' ›Die Blechtrommel‹ und Uwe Johnsons ›Mutmaßungen über Jakob‹. Alle drei Romane werden von der Kritik als Höhepunkte der Nachkriegsliteratur gefeiert; mit ihnen gelingt der »neuen« deutschen Literatur der Anschluss an die Weltliteratur.

Wintzen: Den einen ist das Sakrament des Lammes aufgeprägt: das sind die Idealisten, die Dichter, die Träumer – also die Opfer. Die anderen stehen im Zeichen des Büffels: das sind die Baulöwen, die Bankleute, die Politiker, die nach immer mehr Macht streben.
Böll: In diesem Roman wird die Zweiteilung vorgenommen, aber ich würde das heute nicht mehr so machen. Ich glaube, daß es zur Darstellung dieser Familien, dieser drei Generationen von Architekten, die aufbauen, zerstören, aufbauen, zerstören, notwendig

1960 zieht Böll sich für fast fünf Monate mit seiner Familie nach Irland zurück – eine Zeit, in der u.a. der Dokumentarfilm ›Irland und seine Kinder‹ entsteht. Böll hatte das Drehbuch dazu verfasst und begleitet mit seinen Kindern das Team des Westdeutschen Rundfunks bei den Dreharbeiten in Irland. Im Privaten bedeutet dieses Jahr den Abschied von Bölls Vater, Viktor Böll, der im Herbst neunzigjährig stirbt.

In seiner Arbeit wendet sich Böll einem für ihn (vermeintlich) »neuen« Genre zu, dem Drama. Nach verschiedenen, in der unmittelbaren Nachkriegszeit begonnenen und zum Teil abgebrochenen Versuchen, Texte für das Theater zu schreiben – als letztes eine Dramatisierung der Gegenwartshandlung des Romans ›Billard um halbzehn‹ –, verfasst er jetzt sein erstes Theaterstück, das auch aufgeführt werden wird: ›Ein Schluck Erde‹. Es ist die Geschichte zweier Gruppen, die nach einer atomaren Weltkatastrophe als einzige überlebende Menschen im Kampf gegen einander existieren. Bei seiner Premiere im Dezember 1961 im Düsseldorfer Schauspielhaus wird das Stück zwiespältig und verhalten aufgenommen und muss nach drei Vorstellungen abgesetzt werden. Insgesamt ist Bölls Versuch, sich als Dramatiker zu etablieren – ein weiteres Stück, ›Aussatz‹, wird 1970 in Aachen aufgeführt –, als gescheitert zu betrachten.

Die Ost-West-Spannungen steuern 1961 auf einen neuen Höhepunkt zu, in deren Folge die DDR mit dem Bau der Berliner Mauer am 13. August ihre Grenze zur Bundesrepublik Deutschland abriegelt. Innenpolitisch nimmt mit dem Mauerbau die Polarisierung und eine Etikettierung

war, aber ich weiß nicht, ob es gerecht ist gegenüber der Natur des Mannes. Weil auch der Begriff der Macht in diesem Roman, glaube ich, zu wenig differenziert dargestellt wird. Es gibt ja auch Menschen, die Macht bekommen oder Macht zu erlangen versuchen, um damit etwas Gutes zu tun.

›Eine Deutsche Erinnerung‹ (1976)

in »links« und »rechts« zu. Die der Gruppe 47 nahe stehenden Autoren werden im Zuge der Polemik des Kalten Krieges als »Linksintellektuelle, die schlimmer sind als die linken Intellektuellen« apostrophiert. Es kommt zu hitzigen Kontroversen über das Engagement der Schriftsteller als »Gewissen der Nation«, die in der Presse nicht mehr nur im Feuilleton, sondern vermehrt im Politikteil aufgegriffen werden. Waren Äußerungen von Schriftstellern zu politischen Fragen in den fünfziger Jahren eher ignoriert worden, zeigt sich jetzt insbesondere von Seiten der CDU/CSU in Form der öffentlichen Diffamierung, dass sie als »Gegner« wahrgenommen werden. Die Gruppe 47 wird als »geheime Reichsschrifttumskammer« bezeichnet (Josef-Hermann Dufhues) oder die Schriftsteller werden allgemein zu »Pinschern« (Ludwig Erhard). Einerseits gelten sie als politische Dilletanten, andererseits wird ihnen vorgeworfen – auch Ausdruck einer Heuchelei –, sich zu politischen Fragen nicht zu äußern. So bedauert Georg Ramseger in ›Die Welt‹, dass die Schriftsteller nicht ausreichend gegen den Mauerbau protestiert hätten. Böll fasst in seiner Reaktion auf Ramseger das in seinen Augen »Schizophrene« der Situation zu-

35 ›Der Spiegel‹ widmete am 6. Dezember 1961 seine Titelgeschichte Heinrich Böll.

sammen: »Die Äußerungen von Schriftstellern zu politischen Ereignissen haben in der Bundesrepublik ein merkwürdiges Schicksal: Äußerungen gegen Atombomben, gegen das ›Zweite Fernsehen‹, gegen die Boykottierung französischer Schriftsteller durch den Staat werden – wie die Pressestimmen und die ironischen Kommentare bewiesen haben – bestenfalls als ein Ausdruck politischen Dilettantismus' gewertet, bestenfalls. Von eben diesen Dilettanten – seltsamerweise nur von einer bestimmten Gruppe, deren ›allumfassende Menschenliebe‹ Ihnen anscheinend schon lange ein Dorn im Auge ist – erwarten Sie offenbar eine bestimmte Stellungnahme in einer bestimmten Sache. Es überrascht mich, welchen Kredit Sie diesen Dilettanten mit einem Male zubilligen, welche Publizität, welche Wichtigkeit.«

Im März 1962 beginnt Heinrich Böll mit ersten schriftlichen Fassungen eines weiteren Romans, den er in der Manuskriptfassung bis Ende des Jahres abschließen wird und von dem große Passagen wiederum bei einem weiteren Aufenthalt in Irland im Juli bis August entstehen. Über ›Augenblicke‹, ›Augenblicke. Ansichten und Erlebnisse eines Clowns‹ zu ›Ansichten eines Clowns‹ verändert Böll den Titel des Romans, bis er Anfang Mai 1963 an den Buchhandel ausgeliefert wird.

Hans Schnier, ein protestantischer Industriellensohn, verlässt angewidert von der Atmosphäre in Bonn sein Elternhaus und arbeitet einige Jahre als Clown. In dieser Zeit

Das Wort Reichsschrifttumskammer, von einem Mann ausgesprochen, dem man ein Gefühl für Verantwortung unterstellen sollte, ist Denunzierung übelster Herkunft. […] Eine perfide Dummheit, von jemand ausgesprochen, der so dumm gar nicht ist. […] Mir erscheint es als bezeichnend, daß man jetzt entschlossen zu sein scheint, auf die freien Schriftsteller Jagd zu machen, das Halali ist erklungen, die Meute ausgesetzt: jetzt wird zerrissen, geschlachtet, abgeschossen – aber nicht mehr nur mit Feder und Schreibmaschine (was bitter und schmerzlich genug ist!), ich fürchte, es werden andere Waffen angewandt.

›Ich fürchte, es werden noch andere Waffen angewandt‹ (1963)

lebt er mit Marie Derkum zusammen, die ihn in katholische Kreise einführt. Marie verlässt Hans, weil sie unehelich und deshalb relativ isoliert mit ihm lebt und heiratet einen führenden Katholiken. Damit beginnt der künstlerische Niedergang des Clowns, der zu Beginn der Romanhandlung von einer abgebrochenen Tournee nach Bonn zurückkehrt. In den folgenden vier Stunden wird die Geschichte Schniers und seiner Familie, seine Beziehung zu Marie und die von Bigotterie bestimmte Haltung der Nachkriegschristen in Reflexionen und Telefondialogen erzählt. Am Ende sitzt Schnier bettelnd vor dem Bahnhof und wartet darauf, dass Marie zu ihm zurückkehrt.

Motiviert durch den Titel der Zeitschrift ›labyrinth‹, die Böll mit Freunden Anfang der sechziger Jahre für kurze Zeit herausgegeben hatte, versetzt er den Clown mit seiner Liebesgeschichte in ein für ihn unüberschaubares Gesellschaftssystem, aus dem er keinen Ausweg findet, »und das Labyrinth, und das kann ich in dem Fall wirklich sagen, weil ich den Zusammenhang, den Kontext kenne, ist der politische deutsche Katholizismus«.

Entsprechend zurückweisend ist die Kritik von katholischer Seite. Das liegt auch daran, dass 1963 das Jahr ist, in dem die (schriftstellerische) Auseinandersetzung mit dem Nachkriegskatholizismus in Deutschland ihren Höhepunkt erreicht. Hatte schon Rolf Hochhuths Drama ›Der Stellvertreter‹ über das Versagen des Papstes in der Frage der Judenverfolgung während der Nazizeit, uraufgeführt im Februar 1963 in Berlin, für Zündstoff gesorgt, ist es jetzt das parallele Erscheinen des ›Clowns‹ und eines Essaybandes von Carl Amery, ›Die Kapitulation oder Deutscher

Jeder Schriftsteller [...] kann zu einem gut dotierten Hofnarr degradiert werden, etwa in dieser Weise: Das ist also der Sowieso, schreibt ganz nette Bücher, sogar mit Erfolg, der macht politisch Unsinn oder Schwierigkeiten, aber gefährlich ist der nicht [...] und doch ist er nur so frei, wie er von dieser Unabhängigkeit, von dieser Freiheit, die zur Narrenfreiheit werden oder als solche ausgelegt werden kann, Gebrauch macht.

›Rotbuch II und Demokratie‹ (1966)

»Katholiken machen mich nervös«, sagte ich, »weil sie unfair sind.«
»Und Protestanten?« fragte er lachend.
»Die machen mich krank mit ihrem Gewissensgefummel.«
»Und Atheisten?« Er lachte noch immer.
»Die langweilen mich, weil sie immer nur von Gott sprechen.«
»Und was sind Sie eigentlich?«
»Ich bin ein Clown«, sagte ich, »im Augenblick besser als mein Ruf ...«

›Ansichten eines Clowns‹ (1963)

Katholizismus heute‹ (mit einem Nachwort von Heinrich Böll), die zu einer bis dahin nicht gekannten heftigen Reaktion der deutschen Bischöfe auf literarische Werke führt. In einem von allen Kanzeln verlesenen Hirtenbrief wird den Autoren, die nicht namentlich genannt werden, eine »häretische Vorliebe« für ein »wirklichkeitsfremdes Idealbild der Kirche«, eine »eigentümliche Neigung zum Pessimismus« und »zersetzende Kritik« vorgehalten.

Heinrich Böll ist zu dieser Zeit – spätestens seitdem der ›Spiegel‹ in seiner Ausgabe vom 6. Dezember 1961 ihm die Titelgeschichte widmete – ein berühmter Autor. Entsprechend breit und kontrovers ist die Kritik an den ›Ansichten eines Clowns‹: Allein in ›Die Zeit‹ erscheinen in acht Folgen Rezensionen der namhaftesten Literaturkritiker. Für Böll ist diese Kritik insgesamt, auch die »nichtkirchliche«, enttäuschend, sei sie nun »positiv« oder nicht, da sie ausschließlich politisch sei und überhaupt nicht auf die literarischen Aspekte des Buches eingehe.

Als ein zeitgenössischer und »realistischer« Autor arbeitet Heinrich Böll bei der Komposition einer fiktionalen

Die Kirchen kontrollieren die Kunst nicht mehr, sie ist ihnen entglitten, und die Hilflosigkeit, mit der sie ihr gegenüberstehen, ist zugleich rührend und erschreckend, da sie das Maß an Freiheit, das dem einzelnen Künstler dadurch auferlegt wird, ins fast Unerträgliche steigert. Er fühlt sich durch kirchliche Urteile einfach nicht mehr betroffen [...]

›Kunst und Religion‹ (1959)

36 Heinrich Böll mit Helmut Griem, dem Hauptdarsteller in der Verfilmung von ›Ansichten eines Clowns‹, 1977

Welt die reale Wirklichkeit mehr oder weniger deutlich in den Text ein. Im Fall des ›Clowns‹ ist das die Welt des Nachkriegskatholizismus. Verweise auf die reale Zeitgeschichte lassen die Kritiker diese Realität suchen, deren Verarbeitung im Roman sie dann gemäß ihrer eigenen Meinung als »zutreffend« oder »unzutreffend« empfinden. Als Böll von Mai bis Juni 1964 an der Frankfurter Johann-Wolfgang-Goethe-Universität eine Poetik-Vorlesung hält und seine »Ästethik des Humanen« entwickelt, geht er auf das Problem »realistischer« Texte ein: »Ein Autor nimmt nicht Wirklichkeit, er hat sie, schafft sie, und die komplizierte Dämonie auch eines vergleichsweise realistischen Romans besteht darin, daß es ganz und gar unwichtig ist, was an Wirklichem in ihn hineingeraten, in ihm verarbeitet, zusammengesetzt, verwandelt sein mag. Wichtig ist, was aus ihm an geschaffener Wirklichkeit herauskommt und wirksam wird.«

Annemarie und Heinrich Böll als Fluchthelfer

Am 26. Mai 1961 näherte sich eine Citroën-Limousine mit Kölner Kennzeichen von Prag kommend der deutschen Grenze. Die sichtbaren Insassen Annemarie und Heinrich Böll und ihr Sohn Raimund, die einer offziellen Einladung des tschechoslowakischen Schriftstellerverbands zum Besuch der ČSSR gefolgt sind. Der Wagen und die Insassen werden von tschechoslowakischen Grenzsoldaten genau kontrolliert und können dann weiterfahren. Hinter der Grenze außer Sichtweite hält der Wagen erneut. Aus einem versteckt gebliebenen Hohlraum klettert die Pianistin Jaroslava Mandlová in die Freiheit. Thomas Mandl, ihr aus Bratislava gebürtiger Mann, hatte sich ein Jahr vorher von einer Reisegruppe in Ägypten abgesetzt und war nun Gast im Hause Heinrich Bölls. Gemeinsam hatte man sich den Plan zur Befreiung Jaroslavas ausgedacht.

Der »Notstand« der Demokratie

Der Wechsel von den fünfziger zu den sechziger Jahren bringt politische Veränderungen mit sich. Die SPD verabschiedet sich von ihrem Heidelberger Programm, das seit 1925 bestand, und wandelt sich 1959 mit dem Godesberger Programm zu einer Volkspartei, die einem »demokratischen Sozialismus« verpflichtet ist und Freiheit, Gerechtigkeit und Solidarität zu ihren Grundwerten erhebt. Dieser Wandel führt bei den anstehenden Wahlen der SPD mehr Wählerstimmen zu.

Bei den Bundestagswahlen 1961 gewinnt die SPD mit ihrem Kanzlerkandidaten Willy Brandt deutlich an Stimmen. Doch bleibt Konrad Adenauer in einer Koalitionsregierung mit der FDP Bundeskanzler. Die Fortführung der Koalition seitens der FDP ist an die Forderung geknüpft, dass Adenauer noch vor Ablauf der neuen Legislaturperiode seine Amtszeit beenden muss. Im Dezember 1962 nimmt die CDU erste Sondierungsgespräche mit der SPD über die mögliche Bildung einer großen Koalition auf, die zunächst jedoch abgebrochen werden, da die SPD ebenfalls auf eine Regierung ohne Adenauer als Kanzler besteht. Dem Koalitionsvertrag entsprechend, vor allem aber auf innerparteilichen Druck, tritt Konrad Adenauer 1963 siebenundachtzigjährig zurück. Zu seinem Nachfolger wird Ludwig Erhard gewählt, der in seiner Antrittserklärung die engagierten Autoren und Intellektuellen

Die beiden großen Parteien unseres Landes haben jede jene schreckliche, ihr offenbar von der Göttin der Geschichte zudiktierte Aufgabe erfüllt: die CDU hat in diesem Land das Christentum, die SPD hat den Sozialismus zerstört. Mir erscheinen diese Parteien wie riesige Kadaver, die partiell noch Leben zeigen. […] Die einzige politische Möglichkeit wäre: die Parteien spalten, jetzt, wo das Parlament gewählt ist; die Parteien, die noch Leben zeigen, sollten sich von den Kadavern trennen und zusammentun; […]

ausdrücklich mit einbezieht und zu einem kritischen Dialog auffordert.

Die innenpolitischen Entwicklungen begleitet Böll in der ›Zeit‹ vom 21. Dezember 1962 bis zum 16. März 1963 als »Lohengrin« in insgesamt 19 satirischen ›Briefen aus dem Rheinland‹. Vor allem aber tritt seine Kritik am »inneren Monolog in der Politik« und sein damit einhergehendes Misstrauen gegenüber der SPD als größter Oppositionspartei deutlich hervor: »Ich sehe Zeiten heraufkommen, in denen auch die SPD börsenstärkend wirken wird. [...] Für die nächste Wahl schlage ich als Plakat vor: ›Wer SPD wählt, wählt CDU, wer CDU wählt, wählt nicht SPD.‹ Immerhin noch ein feiner Unterschied«.

Im Sinne des von Böll später für seine Arbeitsweise gefundenen Begriffs der »Fortschreibung«, der einen thematischen Zusammenhang zwischen jeweils chronologisch folgenden Arbeiten meint, äußert er sich ähnlich in seinem Essay ›Was heute links sein könnte‹. Darin formuliert er sein Misstrauen gegenüber Etikettierungen als »links« und »rechts«, die immer mehr verwischen, weil die SPD sich in ihrem Verständnis als Volkspartei fortschreitend auf eine (imaginäre) politische »Mitte« zu bewegt. »Es gibt so viele Mitten, die Mitte der Rechten, die Mitte der Linken, die Mitte des rechten Flügels der Linken und die Mitte des linken Flügels der Rechten. Es gibt auch eine heimatlose Linke, ohne Flügel. Die heimatlose Linke würzt das Feuilleton, rauft sich mit einer Art heimatloser Rechter. [...] Was links ist, bestimmt nicht die Linke, sondern die Rechte, und die Linke, in schnödem Opportunismus, rückt ihr nach, in plattem Erfolgsden-

das ganze könnte vielleicht sogar eine ganz respektable Oppositionsgruppe werden.
›Geduld und Ungeduld mit der deutschen Sprache‹ (1965)

ken, und ist nahe daran, den linken Flügel der Rechten zu überholen. Links und rechts sind nur Hilfsbezeichnungen, die jede Art der Täuschung in sich schließen [...]. Wir nähern uns dem Einparteiensystem.«

Entsprechend ist Böll auch im Wahlkampf 1965 nicht bereit, sich für die SPD als Alternative auszusprechen. Vehement wehrt er sich dagegen, in den Wahlkampf hineingezogen zu werden. In Anlehnung an den im Wahlkampf 1961 erschienenen Band ›Die Alternative oder Brauchen wir eine neue Regierung‹, gibt Hans Werner Richter 1965 den Sammelband ›Plädoyer für eine neue Regierung oder Keine Alternative‹ heraus, in dem die Autoren sich deutlicher für die SPD und ihre Kandidaten aussprechen. Anders als 1961 will man nicht die Fehler der CDU anprangern, sondern durch Politiker-Portraits die SPD als Alternative herausstellen. Hans Werner Richter versucht Heinrich Böll für einen Essay über Fritz Erler zu gewinnen. Böll lehnt die Mitarbeit ab und schreibt an Richter: »Mein Gott, ist es so schwer einzusehen, daß einer, der sozusagen von Kopf bis Fuß gegen die CDU ist, nicht für die SPD sein muß? Die einzige Möglichkeit wäre eben Parteispaltung: den linken Flügel der CDU mit dem linken Flügel der SPD (der kleiner ist als der der CDU) – alles andere ist Persilreklame! Ich verstehe sehr gut, daß einer gern eine Partei als seine politische Heimat erkennen möchte, aber ich glaube, mit dieser ›Zuversicht‹ ist nicht viel anzufangen.«

Bei den Bundestagswahlen 1965 wird die Regierungskoalition bestätigt, und Ludwig Erhard bleibt Bundeskanzler. Hatte unter den Autoren und Schriftstellern bisher eine gewisse Solidarität zumindest nach außen hin bestan-

---

Es ist nicht nur eine moralische Frage, etwas, das mit einem oberflächlichen Schlagwort wie Bewältigung der Vergangenheit herablassend, in der Form peinlichen Schulterklopfens, honoriert und gleichzeitig als lächerlich abgetan werden kann. Moral und Ästhetik erweisen sich als kongruent, untrennbar auch, ganz gleich, wie trotzig oder gelassen, wie milde oder wie wütend, mit welchem Stil, aus welcher Optik ein Autor sich an die Beschreibung oder bloße Schilderung des Humanen begeben mag:

den, entbrennt nun eine öffentlich geführte Auseinandersetzung. Günter Grass polemisiert in seiner Rede anlässlich der Verleihung des Georg-Büchner-Preises gegen die Autoren, die sich einem Engagement im Wahlkampf entzogen hatten. Namentlich nennt er darin auch Heinrich Böll. »Im Chor der Redner vermißte ich Stimmen. Wo sind sie geblieben, denen vor Jahren noch das politische Dauerengagement einigen Nachtprogrammflair verliehen hatte? Wo, Alfred Andersch, hat Ihre beredte Entrüstung die Milch der Reaktionäre gesäuert? Wo, Heinrich Böll, hat Ihr hoher moralischer Anspruch die bigotten Christen erbleichen lassen?«

37 Wahlkämpfer Günter Grass

Als die Koalition von CDU/CSU und FDP im Herbst 1966 letztlich aufgrund von Differenzen in Haushaltsfragen zerbricht, kommt es zu Verhandlungen über eine Große Koalition zwischen CDU/CSU und SPD. Falls eine solche Koalition mit einer Parlamentsmehrheit von dann über 90 Prozent zustande käme, gäbe es die für eine funktionierende Demokratie notwendige starke parlamentarische Opposition nicht mehr, und die Kontrolle der Regierung wäre damit nicht mehr gewährleistet. Ende September

zerstörte Nachbarschaft, vergiftetes Gelände machen es ihm unmöglich, Vertrauen zu stiften oder Trost zu spenden; der einzige Trost, den meine Altersklasse anzubieten hat, ist der der Vorübergehenden, der Trost des Vergänglichen.

›Frankfurter Vorlesungen‹ (1966)

1966 hält Böll seine Rede ›Die Freiheit der Kunst‹ zur Eröffnung des Wuppertaler Schauspielhauses, in der er sich über das Verhältnis von Kunst und Künstlern sowie über den Staat zu jener Zeit äußert: »Ich erblicke den Staat im Augenblick nicht. [...] Dort, wo der Staat gewesen sein könnte oder sein sollte, erblicke ich nur einige verfaulende Reste von Macht, und diese offenbar kostbaren Rudimente von Fäulnis werden mit rattenhafter Wut verteidigt. Schweigen wir also vom Staat, bis er sich wieder blicken läßt. Reden wir von dem, was an seine Stelle getreten ist, von dieser unfaßlichen und ebenso fassungslosen Masse, zu der wir alle gehören, von der Gesellschaft.«

Als die Große Koalition gebildet wird, greift ›Der Spiegel‹ am 31. Oktober Bölls Rede unter dem Titel der gleichnamigen und gerade erschienenen Erzählung ›Ende einer Dienstfahrt‹ auf: »Seit Ende letzter Woche weiß die deutsche Nation, daß Heinrich Bölls Vision vom nicht mehr auffindbaren Staat makabre Wirklichkeit ist.«

Mit der Großen Koalition sieht die SPD endlich die Möglichkeit, aus der Opposition herauszutreten und als Regierungspartei wirksamer Politik gestalten zu können. Umgekehrt setzt die CDU auf die Durchsetzung verschiedener Beschlüsse, die eine Zweidrittel-Mehrheit erforderten und bisher nicht hatten verabschiedet werden können. Einig sind sich die Parteien der Koaliton in ihrem Ziel, endlich die seit 1958 viel diskutierten und sehr umstrittenen Notstandsgesetze zu verabschieden. Im Vorfeld der geplanten Verfassungsänderung, die die alliierten Vorbehaltsrechte im inneren oder äußeren Krisenfall ablösen und die Souveränität der Bundesrepublik kom-

Die große Koalition ist selbstherrlich genug. Sie hat nichts mehr zu fürchten, nicht einmal mehr das kleine Wählerkreuzchen, mit dem wir, wenn wir keine andere Wahl mehr haben, nur noch unseren politischen Analphabetismus ausdrücken dürfen. Für den, der Augen hat zu sehen, gibt es da genug grinsendes Einverständnis und zurechtgegrinste Selbstherrlichkeit, den neuen Feudalismus des kleinen Mannes, der sich in den großen bürokratischen Apparaten zweier machtgewohnter, fast allmächtiger großer Par-

38 Heinrich Böll an seinem Schreibtisch in Müngersdorf

plettieren sollen, wird eine fehlende parlamentarische Opposition überdeutlich. Für ihre Machtbeteiligung nimmt die SPD in Kauf, dass mit Kurt Georg Kiesinger (CDU) ein ehemaliges NSDAP-Mitglied und hoher Nazi-Funktionär Bundeskanzler wird. Das löst auch bei den Schriftstellern und Intellektuellen, die sich zuvor im Wahlkampf für die SPD eingesetzt hatten, tiefe Verbitterung aus, und ein Großteil von ihnen geht auf Distanz zur SPD – zumal rein rechnerisch auch eine sozialliberale Koalition aus SPD und FDP möglich gewesen wäre.

Die geringe parlamentarische Opposition führt dazu, dass eine Bewegung Kontur gewinnt, die sich Anfang der sechziger Jahre, ausgehend von der Auseinandersetzung um eine Demokratisierung der Hochschulen, zu einer Protestbewegung gegen das »verkrustete Gesellschaftssystem« der BRD im Allgemeinen entwickelt hatte: die im Wesentlichen von der Studentenbewegung getragene außerparlamentarische Opposition (APO) mit ihren aus den USA stammenden Formen des spontanen Protests wie Sit-ins, Teach-ins oder der Auflösung von Versammlungen. Die APO, die nie als geschlossene Formation existierte und nur in Aktionsbündnissen auftrat, gewann nun eine

teien sicherer fühlt als irgendeine Schranze sich an irgendeinem Hof fühlen konnte.

›Georg Büchners Gegenwärtigkeit‹ (1967)

sowohl quantitativ als auch qualitativ größere Bedeutung, nicht zuletzt durch viele Autoren und Intellektuelle, die sich aufgrund der neuen parlamentarischen Situation als der APO zugehörig erklärten. Die APO hatte sich nicht nur eine allgemeine Gesellschaftsveränderung auf ihre Fahnen geschrieben, sondern ging auch gegen das Aufkommen des Rechtsradikalismus vor, der sich im Zulauf für die Nationaldemokratische Partei (NPD) zeigte. Örtliche Aktionskomitees bildeten sich überall in der Bundesrepublik. Zwischen November 1966 und Februar 1967 existierten sie bereits in 80 Städten und Ende 1967 in 150 Städten. Zwar blieben innerhalb der APO Differenzen bestehen, doch wurde sie von außen als homogen wahrgenommen. Sie verstand sich als die »konsequenteste Hüterin der Grundwerte dieser Verfassung«. Mit dem Ziel der Aufklärung griff sie politische Diskurse auf und versuchte, insbesondere gegen den stetig wachsenden Einfluss der Springer-Presse und deren einseitige Berichterstattung eine politische Gegenöffentlichkeit aufzubauen. Dazu gehörte auch, endlich mit den immer noch vorhandenen Tabus beim Umgang mit dem Nationalsozialismus zu brechen und diese zu einem zentralen Diskussionspunkt zu erheben.

Bei einer Demonstration gegen den Staatsbesuch des persischen Schahs Reza Pahlawi am 2. Juni 1967 in Berlin wurde der sechsundzwanzigjährige Germanistikstudent Benno Ohnesorg bei Auseinandersetzungen, die zwischen Pro-Schah-Demonstranten und Gegnern aufkamen, von dem Polizisten Karl-Heinz Kurras erschossen. Damit kulminierte der 1966 eingeleitete außerparlamentarische Protest. Der Tod Benno Ohnesorgs löste eine neue Mobilisierungsdynamik und veränderte Politisierung aus. Die Aktivitäten richteten sich nun zunehmend auch gegen die »manipulative Macht des Springer-Konzerns«, der durch seine auf Schlagzeilen bedachte Berichterstattung zur Polarisierung und Eskalation, »zur politischen Unmündigkeit und mithin zum Nicht-Funktionieren der Demokratie in Deutschland« beitrug.

In dieser Zeit wird Heinrich Böll der bedeutendste Literaturpreis der Bundesrepublik, der Georg-Büchner-Preis der Deutschen Akademie für Sprache und Dichtung Darmstadt, zuerkannt. In seiner Dankesrede im Oktober 1967, ›Georg Büchners Gegenwärtigkeit‹, verweist Böll auf Parallelen zwischen Büchners Engagement und der gegenwärtigen innenpolitischen Situation in der BRD. Böll erwähnt den erschossenen Studenten Benno Ohnesorg und verurteilt dessen Tod als »Mord durch die Staatsgewalt«, während er die studentischen Demonstrationen verteidigt.

»Wer will sich da wundern, wenn Studenten, denen ein neues Bewußtsein zuwächst, diesem Protokoll auf die einzig mögliche Weise zuwiderhandeln: durch Unruhe und eindeutig formulierte Ablehnung. Wie sollen sie zu einer Höflichkeit verpflichtet sein, die dieses mysteriöse Proto-

◄ 39 Auseinandersetzungen mit der Polizei während der Studentenunruhen, Sommer 1968 koll ihnen durch Polizeigewalt aufzwingen möchte? […] Wie anders als durch Unruhen, eindeutig formulierten Widerspruch, in Kleidung und Haarwuchs sollten sie sich Ausdruck verschaffen, da ihnen das Wählerkreuzchen, mit dem Verantwortung delegiert wird und das keine andere Wahl mehr läßt, nicht genügen kann.«

Böll zitiert in seiner Rede Büchner: »Meine Meinung ist die: Wenn in unserer Zeit etwas helfen soll, so ist es Gewalt. Wir wissen, was wir von unseren Fürsten zu erwarten haben. […] Man wirft den jungen Leuten den Gebrauch der Gewalt vor. Sind wir denn aber nicht in einem ewigen Gewaltzustand?« Diese Betonung der Aktualitiät tritt noch deutlicher durch Bölls Vergleich hervor, das gegenwärtige Zusammenspiel von Gesellschaft und Regierung komme einer modernen Variante eines Feudalsystems nahe.

Am 11. April 1968 wird Rudi Dutschke, einer der bekanntesten Sprecher des Sozialistischen Deutschen Studentenbundes (SDS) und der APO, in Berlin durch ein Revolverattentat lebensgefährlich verletzt (und stirbt zehn Jahre später an den Folgen der Verletzung). Da man die ›Bild‹-Zeitung aufgrund zuvor veröffentlichter Hetzkampagnen

40 Strukturplan der Erzählung ›Ende einer Dienstfahrt‹, 1966

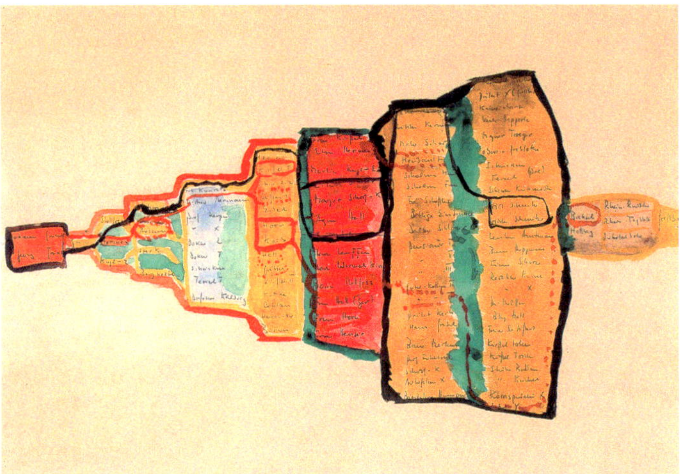

gegen die Studenten für das von dem als neonazistisch beeinflussten Josef Bachmann begangene Attentat mitverantwortlich macht, kommt es noch am selben Abend sowie in den darauf folgenden Ostertagen zu großen Demonstrationen und Aktionen gegen die Springer-Presse. Es kommt zu schweren Straßenschlachten, die eine gestiegene Gewaltbereitschaft bei den inzwischen nicht mehr nur studentischen Demonstranten und der Polizei zeigen.

Nach dem Attentat auf Rudi Dutschke erklärt Böll sich mehrfach mit den Studenten solidarisch, appelliert aber gleichzeitig an sie, sich bei ihren Aktionen der Gewalt zu enthalten. Böll gehört unter anderen neben Walter Jens, Eugen Kogon, Golo Mann, Theodor W. Adorno sowie Alexander Mitscherlich wenige Tage nach dem Attentat auf Dutschke zu den 14 Persönlichkeiten, die die Demonstrationen der APO in einer Erklärung verteidigen. Darin wird der Gesellschaft vorgeworfen, die Argumente der Demons-

Preise und Ehrungen I

1951 Preis der Gruppe 47 für ›Die schwarzen Schafe‹
1952 René-Schickele-Preis (Ehrung) für ›Wo warst du, Adam?‹
1953 Erzählerpreis des Süddeutschen Rundfunks; Literaturpreis des Verbandes Deutscher Kritiker; Ehrengabe des Kulturkreises im Bundesverband der Deutschen Industrie; Mitglied der Deutschen Akademie für Sprache und Dichtung, Darmstadt
1955 Preis der französischen Verleger (›Tribune de Paris‹) für ›Haus ohne Hüter‹ als besten ausländischen Roman des Jahres
1958 Eduard-von-der-Heydt-Preis der Stadt Wuppertal; Ehrengabe der Bayerischen Akademie der Schönen Künste
1959 Großer Kunstpreis Nordrhein-Westfalens; Literaturpreis der Stadt Köln (verliehen 1961); Mitglied der Akademie der Wissenschaften, Mainz
1960 Charles-Veillon-Preis für ›Billard um halbzehn‹
1965 Premio d'Isola d'Elba für ›Ansichten eines Clowns‹; Ehrenmitgliedschaft des Verbandes Deutscher Übersetzer
1966 Premio Calabria
1967 Georg-Büchner-Preis der Deutschen Akademie für Sprache und Dichtung; erster Preis des internationalen Wettbewerbs für humoristische Kurzgeschichten, Alecko

41 Heinrich Böll, Theodor W. Adorno und Siegfried Unseld bei der Protestkundgebung gegen die geplante Notstandsgesetzgebung im Sendesaal des Hessischen Rundfunks, 1968

tranten nicht ernst zu nehmen, und eine öffentliche Auseinandersetzung mit dem Springer-Konzern gefordert.

Bereits 1966 hatte Heinrich Böll am Frankfurter Kongress des Kuratoriums »Notstand der Demokratie« gegen die durch die Koalition geplante Verfassungsänderung zur Regelung des »inneren und äußeren Notstandes« teilgenommen. 1968, als sich mit den Lesungen im Parlament die Verabschiedung der Notstandsgesetze abzeichnet, schließt er sich der außerparlamentarischen Gegenbewegung an. Die Gegner heben in ihrer Kritik vor allem die

Die Studenten verfolgen mit ihren Demonstrationen ein klar erkennbares politisches Ziel: Sie wollen die Übermacht der stimmungsmachenden und meinungsbildenden Publikationen des Springer-Konzerns brechen; sie wollen die Öffentlichkeit auf diese Übermacht aufmerksam machen, und sie können es nur auf die eine Weise: indem sie auf die Straße gehen. Die Straße ist der Studenten einziges Publikationsmittel […]. Ich erkenne das politische Ziel der Studenten als richtig gewählt […]. Gegen die offenfür den »inneren Notstand« geplanten Regelungen hervor, die sie als »antidemokratisch, antihuman und friedensgefährdend« bezeichnen, weil mit den Notstandsgesetzen ein Instrument geschaffen werde, das »einer entschlossenen Regierung den Griff nach der Diktatur ermöglicht und [...] Frieden gefährdet«. Parallelen werden zum von den Nationalsozialisten missbrauchten Ermächtigungsgesetz von 1933 gezogen, das die rechtliche Grundlage der nationalsozialistischen Diktatur bildete. Insbesondere vor dem innenpolitischen Hintergrund der zunehmenden Proteste sieht man in der Notstandsgesetzgebung ein »Instrumentarium zur gewaltsamen Unterdrückung oppositioneller Kräfte«.

Auf der Abschlusskundgebung eines Sternmarsches auf Bonn, an dem über 60 000 Demonstranten teilnehmen, hält Böll seine Rede ›Radikale für Demokratie‹, in der er die mangelnde Aufklärung der Öffentlichkeit beklagt. Er betont »Erfahrungen mit verschiedenen Notständen der deutschen Geschichte« und kritisiert die Dehnbarkeit der in der Gesetzesvorlage verwendeten Begriffe: »Was ist ›drohende Gefahr‹? Bedroht sind wir immer. Was ist ›Zustand äußerer Gefahr‹? [...] Was sind ›militärisch bewaffnete Aufständische‹? Man könnte stundenlang über die Dehnbarkeit der Begriffe diskutieren und meditieren.« Mit der »geringe[n] Hoffnung, dass es nicht zur Verabschiedung kommt«, wendet er sich in seiner Rede an die SPD: »Ob nicht die Ablehnung dieser Gesetzesvorlage für die SPD die letzte Chance ist, sich aus der tödlichen Umarmung zu befreien und sich bis zur nächsten Wahl zu erneuern? [...] Es ist eine letzte Chance für die SPD,

bar zur Schärfe aufgeforderte Polizei sind sie machtlos. Als Schriftsteller zähle ich von Natur zur außerparlamentarischen Opposition, als Steuerzahler überlege ich, ob es Aufgabe der Polizei ist, die Auslieferungen der Zeitung eines Konzerns zu garantieren.

›Die Studenten sollten in Klausur gehen‹ (1968)

diese Gesetze gemeinsam mit der Opposition zu verhindern und wieder zu sich zu kommen.«

Die Notstandsgesetze werden trotz anhaltender Proteste am 30. Mai 1968 mit großer Mehrheit durch den Bundestag verabschiedet.

1968 feiert die Bundesrepublik den 20. Jahrestag ihrer Gründung. Mit seinem Essay ›Deutsche Meisterschaft‹ beteiligt sich Heinrich Böll an einem Sammelband ›Zensuren nach 20 Jahren Bundesrepublik‹, der 1969 erscheint. Bölls »Anmerkungen [...] über das, was war und ist« lesen sich wie ein Fazit seiner in den sechziger Jahren gewonnenen Position. »Ich bin kein Präzeptor. Ich bin Schriftsteller und Bürger der Bundesrepublik Deutschland [...], der sich weigert, die unerbittlichen Folgen eines Weltkrieges zu akzeptieren; eines Staates, an dessen Innenpolitik ich einiges auszusetzen habe; der aber in den meisten Dingen auf eine fast schon peinliche Weise redlich und untertänig ist und sich gewöhnlich auch trotz seiner wirtschaftlich hohen Potenz unterordnet. [...] Bisher verhält sich die etablierte Gesellschaft im politischen Sinne nur reaktiv, was unaufhaltsam zur Reaktion führt. Aus diesem Grunde ist auch die außerparlamentarische Opposition in der Bundesrepublik für mich eine natürliche Folgeerscheinung der bisherigen Entwicklung. Von Natur gehört jeder Künstler zur außerparlamentarischen Opposition, ohne daß dieser Name immer dafür bereitstünde. Insofern habe ich also nicht nur große Sympathien, sondern verfolge die Tätigkeit der außerparlamentarischen Opposition mit großer Aufmerksamkeit, mische mich auch gelegentlich darin ein.«

Zu Bölls 50. Geburtstag im Dezember 1967 erscheint ein Sammelband mit Aufsätzen zu Böll bei Kiepenheuer & Witsch: ›**In Sachen Böll**‹, herausgegeben von Marcel Reich-Ranicki. Böll erholt sich zu dieser Zeit von einer schweren Erkrankung, die im Oktober festgestellt worden war: Hepatitis und Diabetes.

Im August 1968 reisen Annemarie und Heinrich Böll mit ihrem Sohn René nach Prag. Sie sind vom tschechoslowakischen Schriftstellerverband eingeladen, sich ein Bild vom »Prager Frühling« zu machen, vom ersten Demokratisierungsversuch eines Ostblocklandes nach dem Ungarn-Aufstand 1956 – ein Experiment, das von großen Teilen der Intellektuellen und Schriftsteller in aller Welt als eine Chance gesehen wird, eine Staats- und Gesellschaftsform zu praktizieren, die zwischen den Systemen in Ost und West als ein »dritter Weg« bezeichnet werden könnte. Am 21. August 1968 geht das Experiment mit der Besetzung der Tschechoslowakei durch die Armeen der sozialistischen »Bruderstaaten«, allen voran der Sowjetunion, zu Ende. Als Zeuge der Besetzung, die unter anderem die Vertreibung zahlreicher tschechoslowakischer Intellektueller zur Folge hat, schreibt Heinrich Böll seinen im ›Spiegel‹ publizierten Bericht ›Der Panzer zielte auf Kafka‹.

42 Heinrich und René Böll am 21. August 1968 auf dem Wenzelplatz in Prag

Ein **Beispiel der Diffamierung** und »in-die-Kommunisten-Ecke-stellen« findet sich im ›Rheinischen Merkur‹. Am 17. Mai 1968 erscheint ›Traum eines Revolutionärs. Notstand ist Rotstand‹, ein Artikel, den angeblich ein Organisationsleiter der Bonner Kundgebung als »Vorausbericht« an die Presse gab. Das Kuratorium wird darin als »Rotstandskomitee« bezeichnet und behauptet, Böll habe »unter roten Fahnen« verkündet, dass wegen der Zensur im »Bonner Polizeistaat« schon seit 20 Jahren die deutsche Linksliteratur in Moskau gedruckt werde.

Sprache, Gewalt und Politik

Mit der Wahl Gustav Heinemanns am 5. März 1969 mit den Stimmen der FDP zum ersten sozialdemokratischen Bundespräsidenten deutete sich ein politischer Wandel in der Bundesrepublik an.

Als der Wahlkampf für die auf den 28. September festgelegte Bundestagswahl beginnt, bittet Günter Grass als führender Kopf der Sozialdemokratischen Wählerinitiative (SWI) Heinrich Böll um Unterstützung für Willy Brandt.

Im Juni antwortet Böll ihm: »Öffentliche Veranstaltungen: nein. Fernsehdiskussion, über jedes Thema, das Sie unterbringen können: ja. [...] Hinzu kommt, dass ich, was getan werden kann, besser in meinem Stil und auf meine Art tue: bisher hat das, glaube ich, auch politisch gar nicht schlecht ›gewirkt‹.«

Die einzige direkte Unterstützung, die Böll im Wahlkampf leistet, bleibt ein ›Offener Brief an eine deutsche Frau‹ (abgedruckt in ›Die Zeit‹ und in ›dafür‹, der Wahlkampfzeitung des SWI), in dem er sich an die katholischen Wählerinnen der CDU/CSU wendet und dafür wirbt, bei der Wahl »das Kreuzchen anderswohin zu machen«. Die politische Wirkung des Briefes ist kaum nachweisbar: Einige Leserinnen reagieren darauf in Zuschriften an ›Die Zeit‹, in denen sie sich im Wesentlichen eine Einmischung Bölls in ihre Wahlentscheidung verbitten – und für Rainer

Hoffmeister: Man kann zu Günter Grass stehen wie man will, man kann ihn ablehnen, kann ihn fördern, aber immerhin, das, was er tut jetzt mit seiner Reise, mit seinem Feldzug zwischen Flensburg und Waldshut, das ist doch ein Einsatz ohne Schonung, das ist eigentlich Auseinandersetzung direkt in offener Frontstellung. Warum machen Sie das nicht? Meines Wissens hat Grass Sie aufgefordert, mit ihm gemeinsam aufzutreten.
Böll: Ja, schon 1965 und auch diesmal wieder, und wir haben uns darüber unterhalten. Ich glaube einfach nicht, daß schriftstelleri-

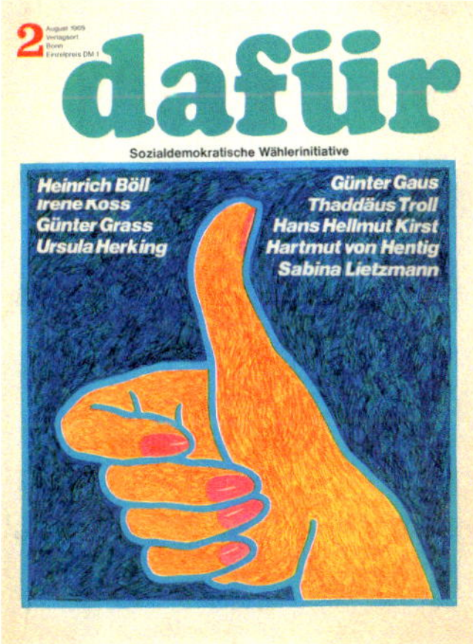

43 Wahlkampf-Ausgabe von ›dafür‹, August 1969

Barzel, den CDU/CSU-Bundestagsfraktionsvorsitzenden, ist der Brief nicht mehr als eine »ungeheure Beleidigung« deutscher Frauen.

Auffallend ist, dass sich Böll in dem ›Offenen Brief‹ und in Interviews, die er in dieser Zeit gibt, vehement gegen die CDU/CSU und die NPD, nicht aber »für« die SPD ausspricht. Das hängt einerseits sicherlich mit seinem grundsätzlichen Misstrauen Parteien gegenüber zusammen. Andererseits war sich Böll keineswegs sicher, dass, je nach Wahlergebnis, am Ende nicht doch die Große Koalition fortgeführt wird.

Die Wahl bringt keine eindeutige Entscheidung. Lediglich die SPD, die mit dem Wahlslogan: »Wir schaffen das moderne Deutschland« angetreten war, gewinnt Stimmen hinzu und kommt mit 42,7 Prozent erstmals über die 40-Prozent-Marke. Während die CDU/CSU nur leichte Stimmenverluste hat und 46,1 Prozent erreicht, verliert die FDP dramatisch an Zustimmung und ihr Anteil sinkt von 9,5 Prozent auf 5,8 Prozent. Mit Spannung war der Stimmenanteil der rechtsextremen NPD erwartet worden, die mit 4,3 Prozent zwar an der 5-Prozent-Hürde scheiterte,

scher Kredit, nennen wir es so, unmittelbar in Wählerstimmen zu verwandeln ist. Und es bestehen natürlich sehr viele Unterschiede im Temperament, in der Generationserfahrung zwischen Günter Grass und mir. Ich glaube, daß er eine, wie ich finde, großartige Naivität hat, die ich nicht habe. Verstehen Sie, ich kann es nicht, und ich könnte es nicht für eine Partei, auch nicht für die SPD. Unmittelbar sagen: Kinder, wählt SPD!

Interview mit Reinhard Hoffmeister
in der ZDF-Sendung ›Aspekte‹ (2. September 1969)

aber immerhin von 1,4 Millionen Bundesbürgern gewählt wurde.

Noch in der Wahlnacht erklären Willy Brandt und Walter Scheel als Vorsitzende von SPD und FDP, gemeinsam eine Regierung bilden zu wollen – der Beginn der ersten sozialliberalen Koalition auf Bundesebene. Damit geht die CDU/CSU nach 20 Jahren Regierungsverantwortung in die Opposition.

Bei Heinrich Böll bewirkt der Wandel auf der politischen Ebene Hoffnung auf eine grundsätzliche Änderung deutscher Politik, wie sie in Willy Brandts Satz aus seiner ersten Regierungserklärung, »Wir wollen mehr Demokratie wagen«, als Absicht anklingt. Neben der Bedeutung, die die politische Erneuerung für Böll hat, sind 1969 zwei Ereignisse zu benennen, die sich in ihren Folgen auf die Biografie Heinrich Bölls auswirken: Die Gründung des Verbandes Deutscher Schriftsteller (VS) und der »Fall« des Münchner Weihbischofs Defregger.

Im April 1968 wird der Münchner Autor Dieter Lattmann zum Präsidenten der Vereinigung der deutschen Schriftstellerverbände, deren Sitz in Berlin liegt, gewählt. Die Vereinigung fungiert als Dachverband der Schriftstellerverbände, die sich ab 1945 in den einzelnen Besatzungszonen und dann in den Ländern der Bundesrepublik gebildet haben und die sich in der Nachfolge des von den Nationalsozialisten verbotenen Schutzverbandes der Schriftsteller sehen. Allerdings treten weder die Landesverbände noch der Dachverband öffentlich in Erscheinung; er bzw. sie haben kein Gewicht bei der Vertretung von Berufsinteressen der Autorinnen und Autoren, ver-

Zur Geschichte der deutschen Schriftstellervereinigungen
Das Bemühen, eine deutsche Schriftstellerorganisation zu entwickeln, zeigt sich schon Ende des 19. Jahrhunderts im Verband deutscher Schriftstellervereine mit im Jahr 1900 schon 2700 Mitgliedern, der 1909 als Interessenvertretung vom Schutzverband deutscher Schriftsteller abgelöst wurde. Diese Vereinigung, deren Präsidenten u. a. Theodor Heuss und Thomas Mann gewesen sind, wurde von den Nationalsozialisten 1933 verboten und bis zur Gründung der Reichsschrift-

schaffen eher Stipendien und organisieren Lesereisen für ihre Mitglieder.

Als Lattmann in das Präsidentenamt gewählt wird, rangieren die Autoren in der Einkommensstatistik mit durchschnittlich ca. 800 DM im Monat in der niedrigsten Einkommensstufe. Gleichzeitig sind sie als freie Autoren Teil eines Steuersystems, das sie wie Kleinunternehmer behandelt. Sie sind einkommensteuerpflichtig und müssen Mehrwert- und Umsatzsteuer abführen und ihre Krankenvorsorge und Alterssicherung selbst tragen. Geschützt sind ihre Publikationen zwar durch das Urheberrecht, das jedoch in der geltenden Version immer noch ein sozial gebundenes Recht ist, bei dem die »öffentlichen Interessen« Vorrang haben vor dem Individualschutz des Urhebers. Für Heinrich Böll etwa wirkt sich das so aus: Eine seiner bekanntesten Kurzgeschichten, ›Die Waage der Baleks‹, darf zigfach in Schulbüchern nachgedruckt werden, ohne dass er um Zustimmung gefragt, geschweige denn ein Honorar für den Abdruck gezahlt werden müsste. In vielerlei Hinsicht gibt es eine Ungleichbehandlung mit anderen freien Berufen. Das hat den einfachen Grund, dass den Autoren Anfang 1968 jegliche Organisation fehlt, die ihre Interessen wirksam vertreten könnte.

Dieter Lattmann, der als »linker« Sozialdemokrat gilt, forciert die Entwicklung der relativ autonomen 13 Einzelverbände (neben den zehn Landesverbänden noch drei verbandsartige Fachgruppen) zu einem bundesweiten Verband, der gegenüber Politik und Verwaltung entschiedener auftreten kann. Lattmann formuliert das Motto: »Ein Schriftstellerverband ist stärker als 13!« und führt Ver-

tumskammer 1935 durch den Reichsverband Deutscher Schriftsteller ersetzt. In der Nachkriegszeit sind es verschiedene Versuche und persönliche Initiativen, die zu Gruppierungen führen wie etwa der in vorhergehenden Kapiteln erwähnten »gruppe junger autoren« oder dem Ring westdeutscher Autoren in Dortmund, deren Hauptziel die Organisation von honorierten Lesereisen oder die Vermittlung von Texten sind.

handlungen mit den Einzelverbänden, die im Januar 1969 den Beschluss zur Gründung eines neuen, des Verbandes Deutscher Schriftsteller (zunächst V. D. S., dann VS) fassen.

Die Ziele, die man für die Schriftsteller durch den Verband erreichen will, sind: Aufbau einer Altersversorgung, Abschaffung der Umsatzsteuer, Urheberrechtsverbesserungen (u. a. Streichung des so genannten Schulbuch-Paragrafen, Fotokopierrecht) – später noch ergänzt durch die Forderung nach einer Entleihgebühr für Bibliotheken, den so genannten »Bibliotheksgroschen«.

Als Tagungsort für die Gründungsversammlung wird aus zwei Gründen Köln gewählt. Zum einen findet hier vom 4. bis 8. Juni 1969 das europäische Dramatikertreffen statt, es sind also viele Schriftsteller sowieso in der Stadt. Zum anderen bietet Köln mit den hier ansässigen Rundfunk- und Fernsehanstalten, allen voran der Westdeutsche Rundfunk (WDR), eine gute Möglichkeit, die Öffentlichkeit über die momentane Situation der Schriftsteller aufzuklären.

Als sich abzeichnet, dass der neue Verband gegründet werden wird, wendet sich Lattmann an Heinrich Böll mit der Bitte, die zentrale Rede bei der Gründungsversammlung zu halten. Böll hatte sich 1963 mit seiner Glosse ›Vom Mehrwert bearbeiteten Papiers‹ dem Problem der Disproportionalität zwischen dem »Herstellungswert« und dem daraus geschaffenen »Mehrwert« von Literatur befasst, die dem Urheber relativ wenig, dem Staat aber via Steuern auch über die Verlage und andere Verwerter erhebliche Ein-

Hin und wieder mögen wir ganz kluge Leute sein, als Vertreter unserer Interessen in einer Gesellschaft, die von Interessenvertretern dirigiert wird, sind wir wie Schwachsinnige. Dieser Schwachsinn hat z. T. ehrenwerte Ursachen, etwa die, daß wir zu sehr mit unserer Arbeit, die eine öffentliche ist, beschäftigt sind, als daß uns finanzieller Kram sonderlich interessieren könnte, solange wir halbwegs zurechtkommen. Andere Ursachen mögen Bescheidenheit und Idealismus sein. Ich schlage vor, daß wir die Bescheidenheit und den Idealismus einmal für eine Weile an unsere Sozialpartner delegieren: an Verleger, Chefredakteure und Intendanten.

›Ende der Bescheidenheit‹ (1969)

nahmen bringt. Böll, von dem keinerlei Aktivitäten innerhalb des regionalen Westdeutschen Autoren Verbandes (WAV) nachzuweisen sind, ist von den Zielen des neuen Verbandes überzeugt und sagt zu, bei der Veranstaltung zu sprechen. Er formuliert nach Kenntnisnahme umfangreicher Materialien seine Rede vom ›Ende der Bescheidenheit‹, die er am 8. Juni 1969 im Kölner Gürzenich hält. Besonderes Gewicht hat die Gründungsversammlung des VS durch die Anwesenheit von Günter Grass, der laut einer Infas-Umfrage im Juli 1969 mit einem Bekanntheitsgrad von 34 Prozent der prominenteste deutsche Gegenwartsautor ist – gefolgt von Heinrich Böll, den 12 Prozent als Schriftsteller benennen können.

Das Ziel, den Verband »in aller Öffentlichkeit« zu gründen, wird erreicht. Das Ereignis steht im Mittelpunkt der Berichterstattung. Kaum eine Zeitung, in der nicht ein Artikel erscheint. Das Westdeutsche Fernsehen und fünf Rundfunkanstalten übertragen die Rede Bölls noch am gleichen Tag, die darüber hinaus im ›Spiegel‹ vom 9. Juni 1969 abgedruckt wird. Unter dem Titel ›Autoren und Verleger sitzen im selben Boot‹ wenden sich die längst in einem Verband organisierten Verleger mit einem offenen Brief in ›Die Welt‹ an Böll, da sie sich durch seine Forderungen angegriffen fühlen. Für Heinrich Böll markiert

Es mag manchen von uns trösten, daß er möglicherweise Ewigkeitswerte schafft, dieser Trost sei ihm unbenommen, wenn er uns nicht hindert, uns hier und heute, gestützt auf diesen Gesamtverband, Gedanken darüber zu machen und einmal öffentlich darzulegen, wie wir unser Geld eigentlich verdienen. Vornehmerweise nennt man das Geld, das wir bekommen, Honorar. Das klingt, als wären wir sehr feine Leute. Ich fürchte, wir sind sehr feine Idioten. Wir lassen uns dirigieren, kujonieren, Prozente und Honorare diktieren, ohne je ernsthaft darüber nachzudenken, wer sie festgelegt hat und wie sie sich errechnen. Der geistige und politische Kredit, den wir der Bundesrepublik einbringen, ist ohnehin honorarfrei: wir verlangen nichts dafür. Es geht auch nicht um unsere gesellschaftliche Ehre, die verschaffen wir uns selbst. Es geht um unsere gesellschafts- und finanzpolitische Stellung.

›Ende der Bescheidenheit‹ (1969)

die enorme Publizität seiner Rede vom ›Ende der Bescheidenheit‹ einen neuen Abschnitt im Leben als Schriftsteller. Er wird von da an endgültig zu einem Autor des Medienzeitalters. (Ende der siebziger Jahre erreicht er einen Bekanntheitsgrad, der sonst nur für Spitzenpolitiker festgestellt wird. Das Allensbacher Meinungsforschungsinstitut ermittelt 1978, dass Heinrich Böll 89 Prozent der Bevölkerung bekannt ist – gefolgt von Günter Grass mit 80 Prozent.)

Der VS, zu dessen erstem Vorsitzenden Dieter Lattmann gewählt wird, ist mit einem Schlag zur wichtigsten Interessenvertretung der Autoren geworden. Im November 1970 folgt der 1. Schriftsteller-Kongress des neuen Verbandes in Stuttgart und vor 4000 Zuhörern – darunter 250 Autoren und 150 Journalisten – sprechen Bundeskanzler Willy Brandt, Günter Grass und Heinrich Böll, der »die Einigkeit der Einzelgänger« einfordert.

Für den Katholiken Böll wird im Jahr 1969 ein weiteres Ereignis bedeutsam. Im Juli wird bekannt, dass der Münch-

44 Heinrich Böll an seinem Schreibtisch in der Hülchrather Straße

ner Weihbischof Matthias Defregger als Hauptmann der Deutschen Wehrmacht 1944 die Erschießung von 17 Zivilisten als Vergeltung für einen Partisanenüberfall befehligt hatte. Zum ersten Mal wurde einem hohen Würdenträger der katholischen Kirche in Deutschland eine solche Tat nachgewiesen. Das für Heinrich Böll Entscheidende in den darauf folgenden öffentlichen Diskussionen, an denen er sich als häufig gefragter Interviewpartner beteiligt, ist die Tatsache, dass die führenden Bischöfe alles zu unternehmen suchen, jegliche Schuld von Defregger abzuweisen. Er sei, so die Münchner Kirchenzeitung dezidiert, »in juristischer und moralischer Hinsicht« unschuldig. Eine Feststellung, die für Heinrich Böll belegt, dass die Amtskirche nicht mehr vornehmlich an ethischen und moralischen Fragen interessiert, sondern nur noch ein am reinen Machterhalt orientierter Interessensverband ist. »Ich glaube, […] daß das Dilemma, in dem sich die Kirchen heute offensichtlich befinden, zum Teil auch zurückzuführen ist darauf, daß die Lehre, die sie verkündet haben, in ihrem Mund und immer wieder, einem Zweck untergeordnet, dienstbar gemacht, geradezu verfault, verkümmert ist, unglaubwürdig geworden ist. Daß das Evangelium aus dem Munde dieser Leute sogar nicht mehr das Evangelium ist. Daß diese sehr konkreten, einfachen, und wie ich finde immer noch wunderbaren Worte, durch den jahrhundertelangen Mißbrauch nicht mehr zu gebrauchen sind.« ›Die Sprache der kirchlichen Würdenträger‹ – so der Titel einer Fernsehdokumentation von Heinrich Böll 1971 – wird immer hohler und nichtssagender, und der »Fall Defregger« ist für Böll ein letztes Glied in

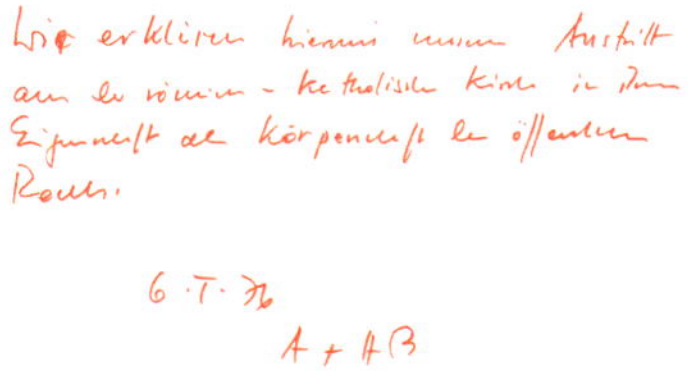
Wir erklären hiermit unseren Austritt aus der römisch-katholischen Kirche in ihrer Eigenschaft als Körperschaft des öffentlichen Rechts.

A + HB

45 Entwurf der Kirchenaustrittserklärung Annemarie und Heinrich Bölls vom 6. 5. 1976: »Wir erklären hiermit unseren Austritt aus der römisch-katholischen Kirche in ihrer Eigenschaft als Körperschaft des öffentlichen Rechts.«

einer Kette von Fehlentwicklungen innerhalb der katholischen Kirche, die ihn dazu bringt, von diesem Jahr an keine Kirchensteuer mehr zu zahlen, bis das Bundesverfassungsgericht entschieden habe, ob die staatliche Erhebung der Kirchensteuer mit dem Grundgesetz zu vereinbaren ist. Der »Fall« wird so Ausgangspunkt einer Entwicklung, an deren Ende Annemarie und Heinrich Böll im Januar 1976 ihren Austritt aus der katholischen Kirche erklären.

Die Hauptveranstaltung der »Woche der Brüderlichkeit« findet am 10. März 1970 im Kölner Gürzenich statt. Heinrich Böll hält eine Rede, die wie ein Paukenschlag wirkt. Die Rede mit dem Titel ›Schwierigkeit mit der Brüderlichkeit‹ wird in der ARD live übertragen, und in Anwesenheit von Bundespräsident Heinemann, hoher kirchlicher und gesellschaftlicher Vertreter verabschiedet Böll sich als Festredner aus einer bundesrepublikanischen Gesellschaft, die sich zwar christlich definiert, deren konkretes Verhalten aber profit- und interessengeleitet ist und in der Begriffe wie Brüderlichkeit und Solidarität sinnentleert sind. »Die Veranstalter der Woche der Brüderlichkeit sind geplagte Leute. Warum eigentlich? Sie schreiben und telegraphieren einigermaßen desperat in der Gegend umher, um die fälligen Festredner zu bekommen [...]. Es muß doch eine Ursache haben, daß sich kaum noch einer so recht dazu hergeben will, sich öffentlich über das auszulassen, was nach 20 Jahren selbstverständlich sein sollte. Wäre es nicht sinnvoller, hier Namenlose über ihre Umwelt sprechen zu lassen, die in den meisten Fällen

Da hatte er am Sonntag, dem 8. März 1970, eine seiner Minen explodieren lassen. [...] Als zweiter Gastredner nach dem Bundespräsidenten [...] drosch er auf die Gastredner ein. Man solle doch lieber einen Bundeswehrsoldaten und einen Wehrdienstverweigerer über Brüderlichkeit diskutieren lassen [...]. »Oder ein junges Ehepaar, das ein Drittel seines Einkommens aufwenden muß für die Gnade, ein Dach über dem Kopf zu haben.« Oder: »hier jemanden erzählen lassen, der in Geldnot geriet und die Brüderlichkeit pompöser Bankfassaden erfuhr«.

Claus Hinrich Casdorff/Rudolf Rohlinger, ›Kreuzfeuer‹ (1971)

laut auflacht, wenn ein Wort wie Brüderlichkeit auch nur fällt?

Etwa ein junges Ehepaar mit kleinen Kindern und knappem Einkommen über seine Erfahrungen bei der Wohnungssuche berichten zu lassen? [Oder] ein adrett gekleidetes, mit allen Insignien der Strebsamkeit ausgestattetes Paar könnte wohl darüber berichten, wo die erwartete Rentabilität die Grenze der Brüderlichkeit bildet. Wie viele Neurosen entstehen, zu wieviel Fehlgeburten kommt es, weil junge Eheleute sich verpflichten müssen, nicht zu bekommen, was sie möglicherweise gern hätten: Kinder.«

Nach dieser Rede sind die Reaktionen so heftig, dass noch zwei Wochen später die ›Kölnische Rundschau‹ unter dem Titel ›Wie recht hat eigentlich Heinrich Böll?‹ kontroverse Meinungen über Sinn und Formen von Brüderlichkeit auf fast einer ganzen Druckseite wiedergibt.

Dass die Verabschiedung aus dem Rahmen bestimmter gesellschaftlicher Veranstaltungen wie der Woche der Brüderlichkeit kein erneuter Rückzug auf die eher einzelgängerische Position Bölls in den sechziger Jahren ist, zeigt sich im Frühjahr 1970, als er seine Kandidatur für die Wahl zum Präsidenten des Westdeutschen P. E. N.-Zentrums anmeldet. Dazu aufgefordert wurde Böll von Kollegen, die nach der mit der Gründung des VS verbundenen Aufbruchstimmung nun auch den P. E. N. »aus der Aura des Altherren-Vereins« herausholen wollten. Böll wurde schon 1955 in den »Club« hineingewählt, hatte aber nie auch nur an einer Tagung teilgenommen. 1967 war er sogar »drauf und dran auszutreten«, weil der P. E. N. Westdeutschlands laut seiner Charta eigentlich verpflichtet, »jeder Art der

---

Der **P. E. N.** (aus **P**oets, **E**ssayists and **N**ovellists) wurde 1921 von der englischen Schriftstellerin Catharine Amy Dawson-Scott in London gegründet, um nach dem Ersten Weltkrieg eine Art internationaler »Republik der Literatur« im Dienste der Völkerverständigung zu schaffen. Der P. E. N. (auch Pen-Club) ist die große internationale Schriftstellervereinigung, in der die einzelnen Länder mit ihren P. E. N.-Zentren vertreten sind. Er setzt sich vor allem für die Freiheit der Meinungsäußerung und gegen Rassen-, Klassen- und Völkerhass ein.

Unterdrückung der Äußerungsfreiheit in ihrem Lande [...] entgegenzutreten« und »Auswüchsen einer freien Presse, wie wahrheitswidrigen Veröffentlichungen, vorsätzlicher Lügenhaftigkeit und Entstellungen von Tatsachen [...] entgegenzuarbeiten«, sich allerdings jeglicher politischer Aktivität enthielt und staatskonform verhielt. Bezeichnend dafür sind die Abschiedsworte von Bölls Vorgänger im Amt, Dolf Sternberger, der in seiner Rede die mangelnde Loyalität der westdeutschen Autoren zum Bonner Staat beklagte. Die Intentionen Bölls – den Titel »Präsident« hatte er sich vergeblich verbeten – und des neu gewählten Präsidiums des P. E. N. zielten auf eine größere Politisierung, auf Einmischung in die »inneren Angelegenheiten« der Bundesrepublik und eine Verjüngung des P. E. N. Während der Präsidentschaft Bölls, die bis 1972 dauerte, stieg die Zahl der gewählten Mitglieder von ca. 250 auf über 480.

Ende März bis Mitte April 1970 reisen Annemarie und Heinrich Böll zu einem Besuch nach Moskau, eine vertraute Stadt mit vielen Freunden. Nach Heinrich Bölls erstem Besuch 1962 (damals als Mitglied einer offiziellen Delegation) waren sie – zum Teil mit ihren Kindern – noch weitere drei Mal hierher gereist. Immer galt der Besuch vor allem Lew Kopelew, dem Schriftsteller und Übersetzer Bölls, und seiner Frau Raissa Orlowa sowie dem Maler Boris Birger. Mit Kopelew hatte Böll schon in den fünfziger Jahren brieflichen Kontakt, bevor sie sich bei Bölls erstem Besuch persönlich kennen lernten. Über Lew Kopelew und Boris Birger, selbst bedroht und misstrauisch vom sowjetischen Geheimdienst beobachtet, gibt es Beziehungen zur Dissidentenbewegung, allen voran zu dem Atomphysiker

46 Ein Fotogruß (»in unverbrüchlicher Freundschaft«) an Heinrich Böll: Jelena Bonner, Andrej Sacharow, Lew Kopelew und Raissa Orlowa (v. l. n. r.) ▶

Andrej Sacharow – dem »Vater« der sowjetischen Atombombe – und dem Schriftsteller Alexander Solschenizyn, die beide bei der sowjetischen Regierung in Ungnade gefallen waren. Andrej Sacharow, weil er, inzwischen zum Pazifisten gewandelt, in einem weltweit diskutierten Memorandum vor den Gefahren des Wettrüstens gewarnt hatte; Alexander Solschenizyn, weil er als Autor realistisch über die Gegenwart und die stalinistische Vergangenheit der Sowjetunion berichtete und dessen Bücher in seiner Heimat nur als Untergrundliteratur (*samisdat*) existierten. Böll hat einige von Solschenizyns Manuskripten in den Westen geschmuggelt und zu den deutschen Ausgaben Vorworte geschrieben oder sie in Rezensionen vorgestellt. Solschenizyn wurde einer der populärsten russischen Gegenwartsautoren und erhielt im Herbst 1970 den Nobelpreis für Literatur. Man trifft sich, diskutiert, hört Namen von unbekannten Autoren und Bürgerrechtlern, die, weil ihnen der Schutz der Weltöffentlichkeit fehlt, unter denen die Prominenten stehen, in Lagern oder psychiatrischen Anstalten verschwinden.

Zurzeit des Besuches besteht Hoffnung auf eine Änderung der innenpolitischen Situation in der UdSSR, die un-

ter dem Stichwort Entspannung eng mit der sich wandelnden deutschen Politik zu tun hat: der Ostpolitik Willy Brandts. Sie ist der Versuch mit den Völkern im Osten Europas, die am meisten unter dem Zweiten Weltkrieg gelitten hatten – allein in der Sowjetunion waren 20 Millionen Kriegstote zu beklagen –, zu einem Ausgleich zu kommen. Böll sieht darin die einzige realistische Möglichkeit für ein Anerkenntnis der großen moralischen Schuld Deutschlands und damit für ein friedvolleres Miteinander in Europa. Diese Politik wird von vielen Deutschen als die einzige Möglichkeit angesehen, eine mit dem Begriff der Aussöhnung verbundene Entspannung in Europa herzustellen – im Gegensatz zur CDU/CSU und der sie unterstützenden Presse, die darin einen »Ausverkauf deutscher Interessen« sieht, der einen endgültigen Verzicht auf die östlichen, ehemals deutschen Gebiete zur Folge hat.

Nach der Rückkehr von Annemarie und Heinrich Böll in die Bundesrepublik beginnt Böll Anfang Mai, wie er in Briefen schreibt, mit ersten konzeptionellen Überlegungen für die »Arbeit an einem großen Roman«. Die Datierungen, mit denen Böll seine Konzepte, Entwürfe und Manuskripte versieht, belegen den Beginn der schriftlichen Arbeit an einem literarischen Projekt mit dem Titel ›Günstlinge des Schicksals‹; im August 1970 – ein knappes Jahr später – wird es als der Roman ›Gruppenbild mit Dame‹ erscheinen. Geplant ist ein auf vier größere Kapitel angelegter Text. Böll beginnt mit der Ausarbeitung eines

47 Buchumschlag des 1971 erschienenen Romans ›Gruppenbild mit Dame‹

dieser Kapitel mit dem Titel ›Abfall‹ – eine wenige Seiten starke Skizze und ein erster 34-seitiger Entwurf entstehen, der auf 155 Seiten anwächst.

Zu dieser Zeit, im August 1970, als Böll seine Ideen für den Roman in eine Schriftform bringt, zeigen die Bemühungen der Regierung Brandt in Bezug auf die Entspannungspolitik erste Ergebnisse. Ein Abkommen mit der UdSSR war gerade paraphiert und mit weiteren Staaten (Polen, ČSSR) wurde verhandelt. (Die kontroverse Diskussion der Verträge im Februar 1972 im Bundestag führte, weil mehrere Abgeordnete der regierenden Parteien aus Protest die Bundestagsfraktion verließen, zu vorzeitigen Neuwahlen, auch wenn die Verträge im Mai verabschiedet wurden.) Die Opposition warf Stichworte wie »Verzichtspolitik« in die Debatte und verwies auf Verbrechen der Roten Armee bei der Vertreibung der deutschen Bevölkerung aus den Ostgebieten am Ende des Zweiten Weltkriegs.

Wie Heinrich Böll mit seinen Möglichkeiten meinungsbildend in die jeweils gegenwärtige politische Diskussion einzugreifen sucht, zeigt sich bei ›Gruppenbild mit Dame‹ u. a. in der Figur eines zur Zwangsarbeit verpflichteten russischen Kriegsgefangenen. An dessen Schicksal kann er einen für ihn wichtigen politisch-historischen Aspekt im Roman ausbreiten: die verbrecherische Behandlung sowjetischer Kriegsgefangener und Zwangsarbeiter durch die Nationalsozialisten in einem verbrecherischen Krieg, der die Ursache der Grenzverschiebungen in Europa war. Die von Böll für eine präzise erzählerische Darstellung studierte und eingearbeitete wissenschaftliche Dokumentationsliteratur bildet einen Großteil der zum Roman erhaltenen Materialien.

Der Roman […] ist ein kunstvolles Kompositionssystem. Die Meisterschaft der Führung der Fäden, die häufige Brechung des Stoffes durch Reflexion, die feingesponnenen symbolischen Bezüge, das Ineinander von Mirakelwelt und satter Sinnlichkeit, von Intellektualität und Naivität des Gefühls und am Grunde die dichterische Vision vom guten Menschen und seiner Wirklichkeit haben uns ein reifes Meisterwerk beschert.

Karl Korn in der ›Frankfurter Allgemeinen Zeitung‹ (1971)

Nachdem Böll das ursprüngliche Vier-Kapitel-Konzept im Herbst 1970 verworfen und sich auf die Ausarbeitung des ›Abfall‹-Kapitels beschränkt hat, entsteht zwischen Dezember 1970 und Januar 1971 eine auf 420 Manuskriptseiten anwachsende Rohfassung des Romans. Nach einer intensiven Korrekturphase – in Zusammenarbeit mit Annemarie Böll und dem Lektor bei Kiepenheuer & Witsch, Dieter Wellershoff, während der auch der Titel gefunden wurde, entsteht die letzte Fassung des Romans, der Anfang Juni in die Produktion geht.

Zum ersten Mal stellt Böll eine Frau in den Mittelpunkt des Geschehens: Leni Pfeffer, geborene Gruyten, die »die ganze Last der Geschichte zwischen 1922 und 1970 auf sich genommen hat« – so Böll im Gespräch mit Dieter Wellershoff. Ihre Lebensgeschichte wird durch einen Verfasser (im Text ironisch als »Verf.« abgekürzt) in einer Vielzahl von Berichten und Gesprächen mit über 50 Zeugen rekonstruiert: Als Klosterschülerin erzogen, Mitglied der NS-Mädchenorganisation, muss sie, nachdem ihr Vater wegen eines Schwindelgeschäfts verurteilt wird, während des Krieges in einer Kranzbinderei arbeiten. Dort verliebt sie sich in einen sowjetischen Kriegsgfangenen, Boris Koltowski, mit dem sie zusammen einen Sohn, Lev, bekommt. Am Ende des Krieges verunglückt Boris tödlich in einer Kohlengrube. Es wird berichtet, wie Leni seitdem zu einer schweigenden »Statue« erstarrt ist. Sie lehnt jede Hilfe ab, arbeitet weiter in der Gärtnerei und erzieht ihren Sohn zur Leistungsverweigerung. In der Gegenwart 1970 lebt sie mit einem türkischen Gastarbeiter zusammen und soll von Verwandten aus ihrer Wohnung vertrieben werden. Es

48 Strukturplan zu ›Gruppenbild mit Dame‹ ▶

bildet sich aber ein »Helft-Leni-Komitee« aus Freunden, die das verhindern können.

›Gruppenbild mit Dame‹ wird ab Mitte Juli 1971 in der ›Frankfurter Allgemeinen Zeitung‹ vorabgedruckt, erscheint kurz danach im Buchhandel und wird bald darauf in den Bestsellerlisten auf Platz eins geführt. Das liegt nicht nur an der Vielzahl von Zeitungsrezensionen, sondern auch daran, dass der »neue Böll« in allen kulturellen Fernseh- und Rundfunk-Magazinen der Öffentlichkeit präsentiert wird. Zum ersten Mal nach Erscheinen eines seiner Bücher gibt Böll über zehn Interviews, in denen er zur Entstehung und Bedeutung des Romans Stellung bezieht.

Bei aller unterschiedlichen Bewertung des Romans – die Literaturkritiker waren sich in einem einig: Der Roman bietet ein Panorama deutscher Zeitgeschichte, das in der Wahl seiner Figuren und der zeitgeschichtlichen Aspekte Bölls humanistischen und aufklärerischen und damit politischen Absichten entsprach.

Nachdem sich der »Rummel« – wie Böll es selbst nennt – gelegt hat, steht eine weitere große internationale Ehrung bevor: In einer irischen Hafenstadt in der Nähe Dublins wird Böll bei der Tagung des Internationalen P. E. N. auf Vorschlag des Westdeutschen Zentrums zu dessen Präsident gewählt. Die Entscheidung war zunächst offen, da die

Briefwahl ein Patt der Stimmen von 16 zu 16 zwischen dem bisherigen Präsidenten, dem französischen Lyriker Pierre Emmanuel, und seinem Gegenkandidaten Heinrich Böll ergab. Die Delegierten aus 45 Ländern entschieden sich dann in einem zweiten Wahlgang mit 22 zu 18 Stimmen für Heinrich Böll. Eine Wahl, die vor allem auf die Unterstützung der osteuropäischen Zentren und das der DDR zurückzuführen ist, die von Böll – im Gegensatz zu seinem Vorgänger – eine Präsidentschaft erwarteten, die sich über die ideologischen Grenzen hinwegsetzen würde.

Anlässlich seiner Wahl ist in ›Die Welt‹ unter dem Titel ›Neuer Präsident des Internationalen P. E. N: Heinrich Böll‹ ein kurzes Gespräch mit ihm abgedruckt. Es wird sein letzter Beitrag in einer zum Springer-Konzern gehörenden Zeitung sein. Schon während der Studenten-Proteste Ende der sechziger Jahre hieß eine der Losungen: »Enteignet Springer!« Diesem darin ausgedrückten Widerstand gegen den Springer-Konzern schließen sich in den siebziger Jahren demonstrativ viele Schriftsteller an.

1971 wird die innenpolitische Situation der Bundesrepublik immer erkennbarer von der die siebziger Jahre prägenden Auseinandersetzung über den politischen Terrorismus bestimmt. Bedingt durch die Radikalisierung der sich um Andreas Baader und Ulrike Meinhof gruppierenden Rote Armee Fraktion (RAF), kommt es vermehrt zu gewalttätigen Aktionen. Den von den Terroristen verübten Brand- und Sprengstoffanschlägen, Banküberfällen und Attentaten folgen die Reaktionen des Staates, der durch verschärfte Gesetze, etwa den Radikalenerlass zur Überprüfung der politischen Gesinnung von Angehörigen des

Wir trafen uns damals oft und reisten zusammen in verschiedene Länder Europas. Wir besuchten Tito in seinem Landhaus, um dagegen zu protestieren, daß mehrere Intellektuelle in Jugoslawien gefangengehalten wurden. Tito sagte etwas vorwurfsvoll: »Aber diese Schriftsteller kenne ich ja gar nicht.« Darauf Böll: »Das gleiche würde wohl jeder Staatschef von den meisten Schriftstellern seines Landes sagen. Um so weniger Grund, sie einzusperren, wenn sie ganz unbekannt sind.«

Staatsdienstes und durch die Stärkung des Sicherheitsapparates den terroristischen Gewaltakten begegnen will.

Die Auseinandersetzung über das Phänomen Terrorismus ist durch zwei Positionen gekennzeichnet. Die »linken Intellektuellen« versuchen die Entwicklung differenziert zu betrachten und glauben Ursachen für das Entstehen einer gewalttätigen Minderheit vor allem als Folge der Nachkriegspolitik zu sehen. Sie beharren darauf, dass die jedem Straftäter grundgesetzlich garantierten Rechte auch für Terroristen gelten müssen. Für die CDU/CSU und einen Teil der Medien – allen voran den Zeitungen des Springer-Konzerns (u. a. ›Bild‹, ›Die Welt‹) – liegen die Gründe woanders, wie sich bald zeigen sollte. Intellektuelle, Schriftsteller, evangelische Bischöfe und Theologen werden zur Zielscheibe der Kritik und zunehmend für die Entstehung des Terrorismus verantwortlich gemacht (Stichwort: »Ziehväter des Terrorismus«). Heinrich Böll nimmt dabei eine exponierte Stellung ein.

49 Anti-Springer-Aufruf der ›Aktion für mehr Demokratie‹, initiiert von Peter Rühmkorf und Klaus Staeck

Als Präsident des P. E. N. war er sehr engagiert, gleichzeitig war er in haarsträubender Weise in Verwaltungsangelegenheiten ahnungslos. Er hörte Diskussionen mit unerhörter Geduld zu und war frei von jener Egozentrik, die man bei Schriftstellern häufig findet. 1972 gab er einen Teil seines Nobelpreises an inhaftierte Schriftsteller und ihre Familien und leistete danach Jahr für Jahr Zuschüsse aus dem Honorar seiner Bücher.

Der schwedische Autor Per Wästberg, 1979–1985 Präsident des Internationalen P. E. N.,über Bölls Amtszeit (1986)

Am 23. Dezember 1971 schreckt die Titelzeile der Ausgabe der ›Bild‹-Zeitung Böll auf: »Baader-Meinhof-Bande mordet weiter. Bankraub: Polizist erschossen. Eine Witwe und zwei kleine Kinder bleiben zurück.« Der Artikel berichtet über einen Bankraub am Vortag in Kaiserslautern. Böll liest ihn und findet den Kripo-Chef von Kaiserslautern zitiert: »Wir haben noch keine konkreten Anhaltspunkte, daß die Baader-Meinhof-Bande für den Überfall verantwortlich ist.« Böll ist so erbost über die Diskrepanz zwischen der Titelzeile, die eine klare Mordbezichtigung enthält, und dem tatsächlich aber noch völlig unklaren Tatbestand, dass er Rudolf Augstein, Herausgeber des ›Spiegels‹, anruft und einen Beitrag über den Bericht der ›Bild‹-Zeitung ankündigt. Am 26. Dezember schickt er Augstein den Text, bittet nichts daran zu ändern, ohne es mit ihm abzusprechen, und schließt: »Ich habs gut überlegt, gründlich überarbeitet, mehrmals neu ›gefasst‹, und ich entdecke nichts zu Beanstandendes mehr – vielleicht aber Sie und Ihre Redaktion.« Augstein und die Redaktion finden nichts »zu Beanstandendes«. Der ursprüngliche, auf

50 Titelseite der ›Bild‹-Zeitung vom 23. Dezember 1971

Ingridgläser
Ingridvasen
Ingridleuchter

Donnerstag, 23. Dez. 1971 – 20 Pf

Bild
UNABHÄNGIG · ÜBERPARTEILICH

Baader-Meinhof-Bande mordet weiter

Bankraub: Polizist erschossen

Eine Witwe und zwei kleine Kinder bleiben zurück

Niemand weiß vorher, was er zu Weihnachten bekommt. Auf jeden Fall keine Erkältung. Dank Cebion.
Cebion ist eben Cebion. Reines Vitamin C. Nehmen Sie es täglich. Zum Vorbeugen.
Cebion
In Apotheken und Drogerien.

Viel Geld für viel Prügel
So tröstet Ex-Europameister Bubi Scholz den Boxer Blin

Nachrichten

12 Tage nach dem Schlaganfall

das nahende Weihnachtsfest verweisende Titel Bölls, »Soviel Liebe auf einmal?«, wird aber ohne weitere Absprache in »Will Ulrike Gnade oder freies Geleit?« abgeändert. Diese Änderung erwies sich als verhängnisvoll, weil der Artikel gegen die ›Bild‹-Zeitung dadurch in einen für Ulrike Meinhof umgedeutet werden kann, eben weil »Will Ulrike ...« eine persönliche Vertrautheit Bölls mit Ulrike Meinhof suggeriert, die gar nicht gegeben war. Der Beitrag erscheint am 10. Januar 1972, und er löst eine in der Geschichte der Bundesrepublik beispiellose monatelange Kampagne gegen Heinrich Böll aus.

In zahlreichen Artikeln und Fernsehkommentaren wird Böll als »linker Biedermann« apostrophiert, als jemand, der terroristische Gewalttäter zumindest moralisch unterstützt und so zur Eskalation der Gewalt beitrage. Gleichzeitig wird ihm unterstellt, dass er für verfolgte Kollegen in Osteuropa, besonders der UdSSR, nichts unternehme. Drei Beispiele von vielen: Der Schriftsteller Hans Habe fordert Heinrich Böll in der ›Welt am Sonntag‹ auf, vom Amt des Präsidenten des Internationalen P. E. N. zurückzutreten; in der Tagesschau kommentiert Frank Ulrich Planitz (SWF) und nennt Böll einen »Anwalt der anarchistischen Gangster« und »salonanarchistischen Sympathisanten«; im ZDF-Magazin wird Böll von Gerhard Löwenthal zu einem »Sympathisanten dieses Linksfaschismus« abgestempelt, der »nicht einen Deut besser [sei] als die geistigen Schrittmacher der Nazis«.

Die Hetze und ihr Ausmaß überraschen Böll völlig – er fühlt sich einem Millionen-Publikum »ausgeliefert« und durch die bewusste Unterschlagung von Informationen dif-

Bis zur Auflösung der verschiedenen **terroristischen Gruppen** Mitte der neunziger Jahre fordert der »Krieg« auf beiden Seiten über 60 Tote; es wurden ca. 70 terroristische Anschläge und über 20 Banküberfälle registriert; es gab zehn große Hungerstreik-Aktionen inhaftierter Terroristen, die sich als politische Gefangene verstanden und ihre Haftbedingungen (u. a. Isolationshaft) verbessern wollten; mit Entführungen von Flugzeugen und Geiselnahmen von Politikern und hochrangigen Wirtschaftsvertretern sollten Häftlinge freigepresst werden.

famiert. Er reagiert in Artikeln in der ›Süddeutschen Zeitung‹ und im ›Spiegel‹: »Als Hauptargumente gegen den ›Spiegel‹-Artikel stellen sich bisher heraus: [...] ich hätte die Gruppe um Ulrike Meinhof ›verharmlost‹. Zweimal habe ich in meinem Artikel ausdrücklich erklärt, Ulrike Meinhof habe dieser Gesellschaft den Krieg erklärt. Ich halte Krieg nicht für ein harmloses Wort.« – »Die Wirkung meines Artikels entspricht nicht andeutungsweise dem, was mir vorschwebte: eine Art Entspannung herbeizuführen und die Gruppe, wenn auch versteckt, zur Aufgabe aufzufordern. Ich gebe zu, daß ich das Ausmaß an Demagogie, die ich heraufbeschwören würde, nicht ermessen habe.«

Die aufgeheizte Stimmung und die damit verbundenen Mutmaßungen um Böll greifen auch auf die Polizei über: Am 1. Juni, dem Tag, an dem bei einer Großfahndung die Terroristen Andreas Baader, Jan-Carl Raspe und Holger Meins in Frankfurt verhaftet werden, wird auch Bölls Haus in der Eifel von schwer bewaffneten Polizisten umstellt und ergebnislos nach Terroristen durchsucht.

In einem Brief an Günter Grass, der ebenso wie Böll auch im Bundestag von einem CDU-Abgeordneten als ein Zerstörer des »inneren Friedens« gebrandmarkt wird, verweist Heinrich Böll auf die »systematische Hetze«, der er ausgeliefert ist: »Was alles an ›Aufklärung‹ versucht worden ist seit 45 – geht jetzt in wenigen Wochen vor die Hunde, rasch, schmerzlos, widerstandslos, weil fast die gesam-

Es wurden außerdem ausreichend Verdächtigungen ausgestreut, die nur meine russischen Freunde, die ebenfalls zum Schweigen verurteilt waren, hätten widerlegen können. [...] Ein Detail möchte ich nennen: während in der Springerpresse ablief, was man getrost eine Kampagne nennen kann, war einer meiner Vertrauten in Moskau, fast ein Freund, der Korrespondent der ›Welt‹ der verstorbene Ulrich Fromm, der meine Position durchaus erkannte, dem aber, wie er mir erzählte, aus seinen Berichten herausgestrichen wurde, was mich auch nur annähernd als »positiv« hätte erscheinen lassen können.

›Vorwort in eigener und anderer Sache‹ (1982)

te deutsche Presse durch dieser ›Helfershelfer‹ Geschwätz eingeschüchtert ist.« Er kann selbst Bundeskanzler Brandt nicht »einmal raten, noch mehr Verständnis oder gar Solidarität zu zeigen, als er bisher getan hat: es würde ihn immer mehr Wählerstimmen kosten, immer mehr«.

Böll wendet sich an Bundesinnenminister Hans Dietrich Genscher mit der Bitte um Aufklärung, »auf Grund welcher Vermutungen, Verdächtigungen, möglicherweise Denunziationen« sein Haus durchsucht worden sei. Einen Durchschlag seines Briefes sendet Böll an Bundespräsident Gustav Heinemann, der mit seiner Frau Hilda gerade Urlaub in der Schweiz macht. Das Staatsoberhaupt der Bundesrepublik Deutschland antwortet: »Was wir uns ausmalten, war dieses: wir wären an diesem 1. Juni ebenfalls ihre Hausgäste gewesen, als die Polizei an- und einrückte! Leider haben Sie uns zu diesem Staatsakt nicht rechtzeitig eingeladen! Das wäre doch großartig gewesen.«

Neben einer Vielzahl auch anonym zugesandter Beschimpfungen erreichen Böll unzählige Briefe der Zustimmung. Es werden Solidarität bekundende Unterschriftenaktionen durchgeführt, und in der Baseler ›National Zeitung‹ erscheint am 10. Juli auf Initiative von Kiepenheuer & Witsch eine Erklärung, die 156 Persönlichkeiten des kulturellen und öffentlichen Lebens unterzeichnet haben: »Die Gruppe um Andreas Baader und Ulrike Meinhof ist zerschlagen. Aber die Treibjagd geht weiter. Nicht auf einen Brandstifter oder Bombenleger, sondern auf den

Ich habe die Diskussion, die sich an Ihren Artikel im ›Spiegel‹ angeschlossen hat, sehr bedauert. Bei manchen, die sich dabei zu Wort gemeldet haben, ist es schwer vorstellbar, daß sie nur Mißverständnissen, die gegenüber einem so prononcierten Schriftsteller allerdings kaum vermeidbar sind, erlegen seien. Diese Reaktionen entsprachen genau der Geisteshaltung, vor der Sie in Ihrem Artikel gewarnt hatten. […] Lassen Sie sich nicht entmutigen. Es fehlt in unserem Land nicht an Menschen, die sich auch durch Übertreibungen nicht abhalten lassen, der Aufforderung zum Nachdenken zu folgen.

Bundeskanzler Willy Brandt an Heinrich Böll (29. Januar 1972)

Schriftsteller Heinrich Böll, der es gewagt hat, öffentlich (im ›Spiegel‹ vom 10. Januar 1972) vor den gefährlichen Folgen der demagogischen Berichterstattung und Panikmache der Springer-Presse zu warnen.«

Für Böll aber wird die Auseinandersetzung mit den Organen des Springer-Konzerns, die Beschäftigung mit den Grenzen der Pressefreiheit, der Ausübung sprachlicher Gewalt in den Medien – eng verflochten mit der Frage nach der Würde der Menschen – zu einem der Themen, die ihn bis zu seinem Lebensende weiter beschäftigen werden.

Im Herbst 1972 besuchen Annemarie und Heinrich Böll Verwandte in Athen. Sie wollen nach diesem Besuch nach Israel fliegen, um vor allem ihren jüngsten Sohn Vincent zu treffen, der dort in einem Kibbuz seinen Ersatzdienst ableistet. In Athen erreicht sie am 19. Oktober telegrafisch die Nachricht, dass Heinrich Böll für sein Werk der Nobelpreis für Literatur zuerkannt worden ist. War schon seine Wahl zum Präsidenten des Internationalen P. E. N. auch als politisches Zeichen der Normalisierung im Verhältnis zu den anderen Ländern Europas gewertet worden, bedeutete die Auszeichnung mit dem Nobelpreis jetzt die Anerkennung der literarischen Leistung des neben Günter Grass politisch exponiertesten Vertreters der Nachkriegsliteratur. In Deutschland beherrscht die »Nachricht des Tages« die Medien. Die auch für die Bundesrepublik positive Bedeutung wird hervorgehoben. Nur: In der Bundesrepublik herrscht seit der vorzeitigen Auflösung des Parlaments im September 1972 Wahlkampf, und Böll hatte sich schon vor seiner Reise bereit erklärt, im Rahmen der SWI Reden zu halten – für Willy Brandt und seine Ostpolitik. Entspre-

51 Kronprinz Carl-Gustav ▶ von Schweden überreicht Heinrich Böll am 10. Dezember 1972 die Nobelpreisurkunde in Stockholm.

chend sieht die CDU/CSU und mit ihr die Springer-Presse die Preisverleihung an Böll – wie schon den 1971 verliehenen Friedensnobelpreis an Willy Brandt – als eine Art Verschwörung der Sozialistischen Internationale. Franz Josef Strauß kommentiert: »Es scheint bezeichnend, daß dieser Preis wenige Wochen vor den Wahlen zum Deutschen Bundestag einem erklärten Parteigänger der SPD verliehen wurde.«

Bei den Wahlen im November wird die sozial-liberale Koalition bestätigt, und die SPD stellt nach ihrem außerordentlichen Wahlerfolg zum ersten Mal die größte Fraktion im Parlament. Böll berichtet resümierend an amerikanische Freunde: »Es war die erfreulichste Erfahrung des Wahlkampfes, daß alle Intellektuellen, Maler, Bildhauer, alle, fast geschlossen und energisch hinter Brandt standen, und was da in den kleinen Provinzstädten an jugendlichem Elan investiert worden ist! Ich denke, es ist das Große Verdienst von Günter Grass, der diese Art von Initiative regelrecht erfunden hat und viele viele, zuletzt Hunderte Gruppen mobilisiert hat.«

Eine Hoffnung, die Anfang 1970 noch bestanden hatte, dass nämlich die weltweite Entspannung auch zu einer Entwarnung auf dem Gebiet der Menschenrechtsverletzungen führen würde, erwies sich als nicht nur trügerisch, sondern als völlig falsch: Die Zahl der von verschiedenen Organisationen gemeldeten Menschenrechtsverletzungen nahm zu – die so genannte Entspannung führte im Wesentlichen zu verbesserten Wirtschaftsbeziehungen der Machtblöcke untereinander, ging also fast ausschließlich auf das Konto einer Profit- und Interessenpolitik. Das Ungenügende dieser Situation artikuliert Heinrich Böll im Februar 1973 in der ›New York Times‹ in seinem Essay ›A Plea for Meddling‹ (›Einmischung erwünscht‹), in dem er angesichts der zunehmenden Verfolgung von Schriftstellern und Intellektuellen in aller Welt Politiker in Ost und West auffordert, das Gebot der Nichteinmischung in die inneren Angelegenheiten eines Staates aufzugeben. Als Beispiel für Länder, in denen Menschen wegen ihrer politischen Überzeugung verfolgt werden, nennt er die Sowjetunion, die ČSSR, die Türkei, Spanien, Brasilien, Griechenland, Portugal und Jugoslawien.

»Jener erfreuliche Vorgang, den man ›weltweite Entspannung‹ nennt, scheint ausgerechnet denen am wenigsten einzubringen, die unter den verschiedenen politischen Systemen, unter ständigem Risiko der Denunziation oder der Verhaftung am heftigsten dafür eingetreten sind: Schriftsteller, Akademiker, Intellektuelle aller Provenienz. […] Schon nicht mehr nur monatlich, immer mehr wöchentlich gehen Amnesty International, dem Internationalen

Der diesjährige Nobelpreisträger für Literatur debütierte 1949. Eine Auswahlbibliographie vom Januar 1972 mit Werken von und über Heinrich Böll umfaßt etwa vierzig von ihm selbst verfaßte Arbeiten … Den Abschluß bildet sein nicht nur dem Umfang nach gewichtigstes Werk, der bedeutende, im vorigen Jahr erschienene Roman ›Gruppenbild mit Dame‹. Diese überaus reichhaltige Produktion ist ein begehrtes Objekt für Kommentatoren geworden: Wenige zeitgenössische Autoren dürften allseitiger und methodischer unter die Lupe genommen worden sein als Heinrich Böll.

P.E.N., der Vereinigung Writers and Scholars Informationen über verhaftete, zensurierte, angeklagte Schriftsteller und Intellektuelle zu, von denen jede einzelne Information einen Protest notwendig machen würde. [...] Immerhin repräsentieren diese Organisationen und Gruppen jene merkwürdig schwer zu definierende Instanz, die man das Gewissen zu nennen pflegt. Es besteht die Gefahr, daß dieses Gewissen zu einer abgestorbenen Blume im Knopfloch verschiedener Ideologien wird, wenn die Politiker nicht begreifen wollen, daß nur sie es sind, die den moralischen Druck in einen politischen verwandeln können, und wenn sie nicht endlich das heuchlerische Konzept der Nichteinmischung in die inneren Angelegenheiten anderer Staaten aufgeben. [...] Wir Autoren sind die geborenen Einmischer, wir mischen uns ein in die Rechtsprechung und Kulturpolitik der Sowjetunion, der ČSSR, Spaniens, Indonesiens, Brasiliens und Portugals, und wir mischen uns ein in die erschreckende Entwicklung in Jugoslawien, wo wieder einmal Sündenböcke gesucht werden und eine Hoffnung begraben werden soll. Wir werden uns auch in die Volksrepublik China einmischen, in Kuba und in Mexiko. Das klingt idealistisch, ist es aber nicht. Einmischung ist die einzige Möglichkeit, realistisch zu bleiben.«

Es sind solche Texte, die entscheidend das öffentliche Bild des Autors Heinrich Böll geprägt haben: Der Romanschriftsteller und Erzähler tritt dagegen hinter den sich auf andere Art in zeitgeschichtliche Themen einmischenden Autors zurück. Und tatsächlich ist ab Mitte der sechziger Jahre ein Wandel zu konstatieren: Die Zahl der ver-

Es liegt auf der Hand, daß die Ansichten über ihn auseinandergehen, nicht so sehr, was seine Stellung in der modernen deutschsprachigen Literatur betrifft, als vielmehr darüber, wo man die konstanten Züge seines Schaffens findet bzw. wie die Hauptlinien seiner Entwicklung verlaufen. Der Grund hierfür liegt vielleicht in Bölls Arbeitsweise; fast jedesmal, wenn etwas Neues abgeschlossen vorliegt, ändert er Technik und Perspektive. Seine überreiche Dichtung ist voller Überraschungen.

Aus der Begründung des Nobelpreiskomitees (1972)

52 Heinrich Böll und sein Sohn Raimund in Langenbroich/Eifel 1972. Mitte der sechziger Jahre hatte die Familie in dem kleinen Dorf einen Bauernhof erworben.

öffentlichten erzählerischen Texte nimmt kontinuierlich ab, die Zeitabstände, in denen Bölls Romane erscheinen, werden immer größer und betragen zwischen ›Ansichten eines Clowns‹, ›Gruppenbild mit Dame‹ und dem 1979 veröffentlichten Roman ›Fürsorgliche Belagerung‹ jeweils acht Jahre – für die Erzählungen und Kurzgeschichten gilt Vergleichbares.

Sosehr diese Frage insbesondere Literaturwissenschaftler beschäftigt – rückschauend spricht etwa Heinrich Herlyn für die siebziger Jahre von einer literarischen »Leistungsverweigerung« bei Heinrich Böll –, der Autor sucht vor allem nach der Form, die ihm für die zu vermittelnden Inhalten »gerecht« zu sein scheint. 1974 ist das Jahr, in dem diese Formsuche im Ergebnis die Publikation der erfolgreichsten Erzählung Heinrich Bölls zur Folge hat. Sie erscheint im August und ihr Titel lautet ›Die verlorene Ehre der Katharina Blum. Oder: Wie Gewalt entstehen

Leser, Kritiker, Germanisten neigen dazu [...] das sogenannte »erzählerische Werk« vom jeweils anderen getrennt zu sehen, und auch nur innerhalb dieser Kategorien jenen Prozeß festzustellen, den man möglicherweise »Entwicklung« nennen kann. Ich halte nichts von dieser Trennung, denke, daß sie in die Irre führen kann. Ein kleiner Aufsatz, eine Rezension, ein Interview kann für den nächsten Roman entscheidender sein als der vorangegangene Roman – ganz zu schweigen von den Anregungen, die in nicht publizierten Vorstellungen, Gesprächen, Überlegungen lagen und für immer verborgen bleiben, auch dem Autor nie und wohin sie führen kann‹ und weist einen Vorspruch auf, der in das Thema einführt: »Personen und Handlung dieser Erzählung sind frei erfunden. Sollten sich bei der Schilderung gewisser journalistischer Praktiken Ähnlichkeiten mit den Praktiken der ›Bild‹-Zeitung ergeben haben, so sind diese Ähnlichkeiten weder beabsichtigt noch zufällig, sondern unvermeidlich«. Diese Erzählung hat eine konkrete Vorgeschichte im Leben der Familie Böll.

Im Januar 1974 überrascht Annemarie und Heinrich Bölls ältesten Sohn Raimund und seine Frau Lila unerwarteter Besuch einer »Unbekannten«: Die im Zusammenhang mit terroristischen Gewalttaten gesuchte Margit Schiller – zu dieser Zeit schon unter Beobachtung der Polizei – sucht die beiden am 8. Januar in ihrer Kölner Wohnung auf, um sie als mögliche Unterstützer für die RAF zu gewinnen. Raimund und Lila lehnen dies entschieden ab.

Am 4. Februar 1974 wird in Hamburg eine so genannte konspirative Wohnung entdeckt, und bei der Durchsuchung der Räume findet die Polizei Waffen und zahlreiche Ausweispapiere, darunter auch den Wehrpass von Raimund Böll und abgelaufene Pässe seiner Frau Lila.

Am Morgen des 7. Februar werden Annemarie und Heinrich Böll durch den Anruf eines Bekannten darüber informiert, dass in der zum Springer-Konzern gehörenden ›BZ‹ (›Berliner Zeitung‹) auf der Titelseite in großen Lettern ein Artikel mit ›Haussuchung beim Sohn des Nobelpreisträgers Heinrich Böll‹ überschrieben ist: »Unter größter Geheimhaltung drangen Beamte des Staatsschutzes gestern

bewußt werden, innere Vorgänge, die nie geäußert werden. Was im weitesten Sinn des Wortes geäußert worden ist, ob als Erzählung, Hörspiel, Roman, Essay, Rede, Interview oder im Brief – was öffentlich geworden, veröffentlicht ist, darin kann man vielleicht in jedem alles oder in allem jedes entdecken, einen Kern, der in einem Fall, etwa in einem Essay, verkapselt, aber erkennbar bleibt, im anderen Fall – etwa einem Roman – voll ausgebreitet wird (nur mühsam verkneife ich mir den organischen Begriff: entfaltet!).

Vorwort zu ›Das Heinrich Böll Lesebuch‹ (1982)

vormittag in die Wohnung des 26jährigen Raimund Böll in der Bonner Straße in Köln ein. Mit einem Durchsuchungsbefehl […]. Die Polizei vermutet, daß die Papiere den Bandenmitgliedern zur Verfügung gestellt wurden.« Das Skandalöse des Artikels liegt nicht nur in der Verbreitung angeblich polizeiinterner Vermutungen einer aktiven Unterstützung von Terroristen, sondern vor allem darin, dass diese Hausdurchsuchung und das Verhör von Raimund und Lila Böll geplant war, aber bei Erscheinen der Tageszeitung noch gar nicht stattgefunden hatte!

Über diese Hausdurchsuchung, die tatsächlich erst am Nachmittag des 7. Februar erfolgte, schrieb Böll später an seinen Rechtsanwalt: »Ein ›Ereignis‹ […] möchte ich erwähnen, um die Stimmung und auch die Stimmungsmache […] zu beleuchten. In einer Hamburger konspirativen Wohnung waren Ausweispapiere meines Sohnes und meiner damaligen Schwiegertochter gefunden worden und es war ohne Zweifel durchaus gerechtfertigt, daß dieser Fakt (es handelte sich um insgesamt 150 Pässe, Ausweise etc.) aufgeklärt werden mußte. ›Wie‹ sie aufgeklärt wurde? Mein Sohn und meine Schwiegertochter, die ahnungslos nach einem längeren Irlandaufenthalt zurückgekommen waren, erfuhren es – wie wir – durch eine mit riesigen Schlagzeilen auf dem Titelblatt (das gesamte Titelblatt war damit ausgefüllt) aus einer Berliner Springerzeitung, die eine Haussuchung bei meinem Sohn ankündigte, ›bevor‹ diese stattgefunden hatte; es gab ein erregtes Hin- und Hertele-

Die Sowjetunion hat am Mittwoch den ihr unbequemen Systemkritiker, den Schriftsteller Alexander Solschenizyn, in die Bundesrepublik abgeschoben. […] Solschenizyn war am Dienstagabend in der Moskauer Wohnung seiner Frau festgenommen und zwangsweise der Staatsanwaltschaft vorgeführt worden. Einige Stunden später erhielt Frau Solschenizyn die Mitteilung, daß ihr Mann sich im Arrest befinde. Der Verfasser des Buches ›Archipel GULAG‹, der bisher schärfsten Abrechnung eines sowjetischen Schriftstellers mit dem stalinistischen Regime, hatte wiederholt öffentlich erklärt, daß er sein Heimatland nicht freiwillig verlassen werde. Einige Stunden nach der Festnahme des Nobelfonieren zwischen unserem Sohn und uns, Berliner Bekannten, die uns auf diese Schlagzeilen aufmerksam machten – natürlich erfuhr die Kölner Presse davon und so kam es zu einem lebensgefährlichen Auflauf an einer der verkehrsreichsten Straßen Kölns, als die Polizei mit Hunden, Scharfschützen etc. ›wirklich‹ – etwa 7–8 Stunden nach der in Berlin als bereits erfolgt gemeldeten Haussuchung eintraf. Ich erspare Ihnen Details über unsere Stimmung, unsere Schwierigkeiten, möchte nur darauf hinweisen, daß das notwendige Ermittlungsverfahren gegen meinen Sohn und meine Schwiegertochter, die ihren Hausschlüssel monatelang nur vage bekannten Freunden überlassen hatten, kurz darauf eingestellt wurde [...], und daß es eine Zusammenarbeit von Springer-Presse und Polizei, was meine Familie betraf, mindestens in diesem Fall ›nachweislich‹ gegeben hatte.« Aufgeklärt wurden diese für Polizei wie Presse peinlichen Umstände des Informationsflusses nie.

Am 12. Februar 1974 erscheint in ›Bild‹ unter der Überschrift ›Böll Junior läßt in Köln Puppen köpfen‹ ein Artikel, in dem der Bildhauer Raimund Böll diffamierend als »brotloser« Künstler dargestellt wird, der Maschinen baue, »in denen Menschen geköpft und erschlagen« würden.

Es ist nicht bekannt, was sich in welchem Organ des Springer-Konzerns noch an weiteren Geschichten über die Familie Böll, die deren Gewaltbereitschaft »dokumentieren«, ergeben hätte, wenn nicht in Moskau am gleichen Tag der Schriftsteller und Regimekritiker Alexander Sol-

preisträgers hatte seine Frau westlichen Journalisten eine Erklärung übergeben, die der Schriftsteller bereits früher für den Fall seiner Verhaftung vorbereitet hatte. Darin heißt es, man werde ihn in den Gerichtssaal tragen müssen, da er nicht freiwillig vor den Richtern erscheinen werde. Auch werde er sich weigern, irgendwelche Fragen zu beantworten. Ferner werde er bei einer Verurteilung zu Zwangsarbeit jegliche Arbeitsleistung verweigern. Dann bliebe den sowjetischen Behörden nur noch eine Maßnahme, »mich schnell umzubringen, da ich die Wahrheit über die russische Geschichte schreibe«.

›Süddeutsche Zeitung‹ (14. Februar 1974)

schenizyn verhaftet worden wäre – ein Ereignis, das weltweit Empörung hervorrief und die Schlagzeilen auch der Springer-Presse beherrschte. Wie viele andere Schriftsteller und Organisationen reagierte Böll als Präsident des Internationalen P. E. N. und protestierte in einem Telegramm an den Parteichef der KPdSU, Leonid Breschnew, gegen die Verhaftung. Einen Tag danach wurde Solschenizyn aus der UdSSR ausgebürgert und in die Bundesrepublik ausgeflogen, da er den Wunsch geäußert hatte, zunächst seinen Freund Heinrich Böll besuchen zu wollen. »Mitten in diese Affäre [um Raimund Böll] hinein«, schreibt Böll 1984, »kam der Besuch meines Freundes Alexander Solschenizyn! – und das paßte nun gar nicht, weder ins Bild noch in ›Bild‹ – und dann auch noch – und das nach Solschenizyns Besuch – die Katharina Blum.«

Noch im Februar – unter dem Eindruck des Umgangs der Springer-Presse mit seinem Sohn und dessen Frau, mit den konkreten Erfahrungen einer offensichtlichen Zusammenarbeit von Polizei und Presse, nimmt Heinrich Böll die Arbeit an der fiktiven Geschichte einer »unbedeutenden« Hausgehilfin, Katharina Blum, auf, die in die Schlagzeilen einer Zeitung gerät. In seinem Arbeitsbuch, in dem Böll fast jede seiner Arbeiten verzeichnet hat, ist als Entstehungszeitraum der Erzählung »Februar–April 1974« angegeben und als Entstehungsort »Langenbroich« erwähnt, sein Haus in der Eifel, in dem er zwei Nächte lang Solschenizyn beherbergt hatte. Es entstehen zunächst kurze zwei-, vier- und achtseitige Skizzen, dann ein erster größerer Entwurf von 44 Seiten, den er zwischen dem 22. März und dem 6. April zu einer einhundertdreiseitigen

53 Die erste Station des ▶ aus der UdSSR ausgebürgerten Nobelpreisträgers Alexander Solschenizyn war Heinrich Bölls Haus in Langenbroich, Februar 1974.

Manuskriptfassung ausarbeitet, die er bei seinem Verlag einreicht. Heinrich Böll beendet seine Autorenarbeit mit der Korrektur der Druckfahnen Anfang Mai.

Die siebenundzwanzigjährige Katharina Blum lernt am 20. Februar 1974, am Vorabend von Weiberfastnacht, auf einer Party einen jungen Mann kennen: Ludwig Götten, einen Bundeswehrdeserteur, der den Regimentssafe ausgeraubt hat und zu diesem Zeitpunkt schon von der Polizei observiert wird. Er wird verdächtigt, einen Mord und einen Bankraub begangen zu haben, wurde aber noch nicht verhaftet, da die Polizei vermutet, dass er mit Anarchisten in Verbindung steht – Verdächtigungen, die sich im Verlauf der Erzählung als unbegründet erweisen. Katharina und Ludwig verlieben sich spontan ineinander und verbringen die Nacht in Katharinas Wohnung, die am nächsten Morgen von der Polizei gestürmt wird. Ludwig hat sich aber längst unbemerkt mit der Hilfe Katharinas durch das Belüftungssystem des Gebäudes entfernt und versteckt sich in einem abgelegenen Haus. Katharina wird zum Verhör abgeführt und gerät von da an in die Schlagzeilen der Zeitung und der Sonntagszeitung, die sich des Falles »annehmen«.

Die Kampagne der Zeitung gegen Katharina erreicht ihren Höhepunkt, als ihre Mutter, die nach einer Operation

auf der Intensivstation eines Krankenhauses liegt, stirbt. Von der Zeitung wird die Schuld daran Katharina »zugeschrieben«, weil die Kranke angeblich »den Schock über die Aktivitäten der Tochter nicht überlebte«. Da einer der Reporter, Werner Tötges, behauptet, bei Katharinas Mutter gewesen zu sein und Katharina diesen Besuch als Ursache für den Tod ansieht, bestellt sie Tötges zu einem Exklusiv-Interview zu sich und erschießt ihn – und stellt so, für sich, ihre Ehre wieder her.

Da Heinrich Böll seiner Erzählung den oben zitierten Vorspruch gibt, spielt die Vorgeschichte für die Kritiker, die sich – je nach politischer Couleur – fasziniert zustimmend bis schroff ablehnend äußern, eine entscheidende Rolle: Grundsätzlich wird angenommen, Böll habe sich an Springer wegen der Kampagne um den Artikel über Ulrike Meinhof von 1972 »rächen« wollen.

Böll schreibt schließlich am 8. August 1974 an Rudolf Augstein als Reaktion auf den Rachegedanken. »›Rache‹ ist bei ›Katharina B.‹ nach meiner bescheidenen und möglicherweise falschen Schätzung nur zu 5–6 % im Spiel, und diese Rache beruht wiederum nicht auf ›Kränkungen‹ meiner Person, sondern auf Einbeziehung meiner Familie, bzw. deren Benutzung als Vehikel gegen mich. […] In Bild vom 12.2.74 stand ein hundsgemeiner Artikel über die Kinder – als Schlusssatz, dass Raimunds Wohnung nur 600 Meter

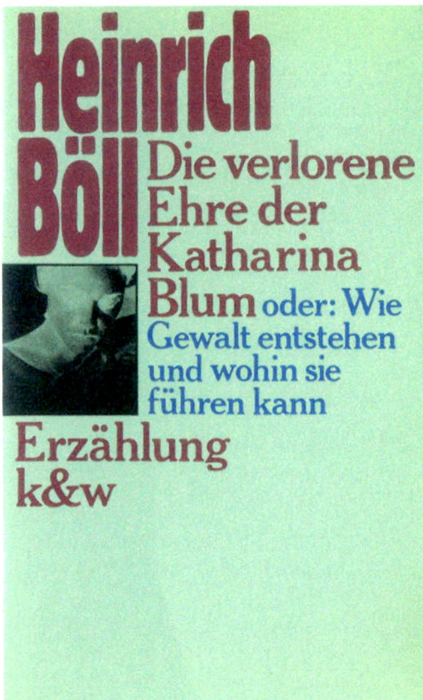

54 Buchumschlag von Heinrich Bölls bekanntestem literarischen Text

Luftlinie vom BDI Gebäude entfernt liegt (in dem eine Bombe hochging). Diese Zeile erforderte Rache!«

Wie Heinrich Böll sich einen konkreten öffentlichen Widerstand gegen die Springer-Presse vorstellte, formuliert er in einem Brief an eine Familie, die sich, nachdem sie selbst in die Schlagzeilen geraten war, an den Autor der ›Katharina Blum‹ mit der Bitte um Rat und Hilfe wendet. »Um solchen Scheusslichkeiten (die in anderen Ländern undenkbar wären) zu entgegnen, bedürfte es einer Gesetzesänderung, die den Persönlichkeitsschutz genauer definiert, und nicht nur ›Prominente‹, also ›Personen der Zeitgeschichte‹ – wenn auch schwach – schützt. Ich würde an Ihrer Stelle trotz der nur unzulässig definierten Gesetzestexte dennoch mit einem in Presserecht erfahrenen Anwalt eine Klage gegen ›Bild‹ erwägen, ›erwägen‹, denn es ist wirklich ein mühsames, aufreibendes, aufwendiges Geschäft gegen diese Leute anzugehen, die natürlich gute Anwälte, viel Zeit, viel Geld zur Verfügung haben, um einen zu lähmen [...] Solange unsere Politiker ›Bild‹-abhängig, geradezu ›Bild‹-süchtig sind, wird niemand eine Präzisierung der Gesetze zum Persönlichkeitsschutz erwägen: es geht wohl den meisten Menschen wie Ihnen: erst, wenn man selbst zum Opfer wird, stellt man fest, wie scheusslich und verlogen die Berichterstattung ist. Man müsste schon eine Art ›Gemeinschaft der Bild-Geschädigten‹ gründen, um als Interessengruppe ernst genommen zu werden, was bedeutet: dieses Machwerk Tag für Tag studieren, jeden Betroffenen anschreiben, recherchieren, den wahren Verhalt mit dem dargestellten vergleichen – und mit diesem Dossier vor Gericht gehen.«

Überschriften von Rezensionen zur Erzählung ›Die verlorene Ehre der Katharina Blum‹:
›Pfeile in Bölls Köcher‹
›Der deutschen Gegenwart mitten ins Herz‹
›Zorn macht nicht immer schöpferisch‹
›Requiem auf Heinrich Böll‹
›Bölls Rache-Entertainment‹
›Kategorie: Kampfschrift‹
›Heinrich Bölls Rache‹

›Die verlorene Ehre der Katharina Blum‹ – Die Wirkungsgeschichte einer Erzählung

Nach den letzten Korrekturen an den Druckfahnen gibt es erste Gerüchte über einen »neuen« Böll. Nachfragen von Journalisten beim Verlag und bei Böll ergeben erste Vorberichte Anfang Mai: Das neue Buch, eine Erzählung von 150 Seiten Umfang, soll Ende Juli mit einer Startauflage von 100 000 Exemplaren erscheinen.

»Zum ersten Mal seit seinem Bestehen veröffentlicht ›Der Spiegel‹ ein, wie man so sagt, belletristisches Werk, in vier Folgen, eine nicht allzu lange Erzählung von Heinrich Böll. [...] Seine neue Erzählung ist wieder skandalös. Darum drucken wir sie«, schreibt Rudolf Augstein im ›Spiegel‹ Nr. 31 vom 29. Juli 1974, mit dem der Vorabdruck beginnt.

55 Titelseite des ›Spiegel‹ vom 29. Juli 1974

Die vielfach geschaltete Werbeanzeige des ›Spiegel‹ zu dieser Ausgabe ist betitelt mit: »Im Spiegel ab heute der neue Böll« und bringt im Text den auf die ›Bild‹-Zeitung verweisenden Vorspruch der Erzählung. ›Die Welt‹ weigert sich daraufhin, die Anzeige abzudrucken.

Nach Erscheinen des Buches Anfang August wird die ›Katharina Blum‹ sehr lange in Bestsellerlisten geführt, z. B. im ›Spiegel‹ von Nr. 34 (19. August 1974) bis hin zur Nr. 19 (5. Mai 1975) – also fast acht Monate insgesamt und während dieser Zeit über acht Wochen auf Platz 1.

Die ›Welt am Sonntag‹ stellt ihre Bestsellerliste ein – »im Rahmen der Neugestaltung«, wie es von Verlagsseite heißt. Dabei ist offensichtlich, dass zwei Bücher die vermutliche Ursache für die »Neugestaltung« sind: Bölls ›Katharina Blum‹ und Bernt Engelmanns Tatsachenroman ›Großes Bundesverdienstkreuz‹, in dem die NS-Vergangenheit u. a. zahlreicher Freunde Axel Springers beschrieben wird. Beide Titel hätten über Wochen in der Bestsellerliste genannt werden müssen.

Im September tauchen in so genannten roten Buchhandlungen fotomechanisch reproduzierte Raubdrucke der Erzählung auf.

Im Februar 1975 beginnt die Verfilmung der ›Katharina Blum‹ durch Volker Schlöndorff, der seit Herbst 1974 zusammen mit

Böll und Margarethe von Trotta das Drehbuch erarbeitet hat. Die Rolle der Katharina Blum übernimmt Angela Winkler, Mario Adorf die des Kommissars Beizmenne. Die Premiere des Films erfolgt bei den Filmfestspielen in San Sebastian im August 1975 als offizieller Beitrag der Bundesrepublik Deutschland; eine synchronisierte Fassung läuft als Erstaufführung beim New Yorker Filmfestival. Der bundesweite Start ist im Oktober auf der Frankfurter Buchmesse und gleichzeitig in 25 weiteren Kinos; weitere Aufführungen erfolgen beim Filmfestival in der ČSSR und sogar in Moskau 1977, wo der Film im März in 38 Kinos parallel läuft; allerdings wird Heinrich Böll wegen seines Eintretens für Dissidenten nicht als Autor genannt.

Im März 1976 vermeldet dtv einen Verkaufsrekord: Innerhalb von nur zwei Monaten sind 251 000 Exemplare der Taschenbuchausgabe verkauft worden. (Die derzeit letzte Ausgabe erschien in der 38. Auflage 2001 – über 2 000 000 Exemplare sind damit inzwischen gedruckt worden.)

Im Mai 1976 feiert die von Margarethe von Trotta verfasste Theaterversion in Bonn unter der Regie von Günther Büch Premiere und geht danach auf bundesweite Tournee.

1984 wird die Erzählung in den USA neu verfilmt und kommt unter dem Titel ›The Lost Honor of Kathrin Beck‹ mit Kris Kristofferson in der Hauptrolle in die Kinos.

Inzwischen ist das Buch in 21 Sprachen übersetzt worden.

56 Die Taschenbuchausgabe, deren Umschlag ein Szenenfoto aus der gleichnamigen Verfilmung von Volker Schlöndorff zeigt, erschien 1976.

Der Deutsche Herbst

Böll und sein Verlag rechnen nach Erscheinen der ›Katharina Blum‹ mit einer einstweiligen Verfügung des Springer-Konzerns, der nach geltendem Recht eine Streichung des Hinweises auf die ›Bild‹-Zeitung hätte erreichen können. Eine solche Klage erfolgt nicht; zu welchen Reaktionen aber der Konzern in der Lage ist, erfährt Heinrich Böll im November 1974.

Am 9. November stirbt der inhaftierte Terrorist Holger Meins an den Folgen eines Hungerstreiks. Am 10. November wird in Berlin der Kammergerichtspräsident Günter von Drenkmann durch Terroristen ermordet. In einem Interview mit der ›Frankfurter Rundschau‹ vom 14. November 1974 nimmt Heinrich Böll eindeutig gegen die Tat Stellung und warnt vor den Folgen. Am 21. November berichtet die ARD-Tagesschau über den Staatsakt aus Anlass der Beisetzung des ermordeten von Drenkmann. Im Anschluss an diesen Bericht spricht der Chefkommentator des Senders Freies Berlin, Matthias Walden, im Nebenberuf ständiger Mitarbeiter der ›Welt‹, einen Kommentar, in dem es um die Ursachen terroristischer Gewalttaten geht: »Gute und starke Worte sprachen die Repräsentanten des Staates am Sarge des ermordeten Günter von Drenkmann […]. Es war ein Bekenntnis zum Rechtsstaat und eine Absage an die Gewalt. […] Spätestens am Abend dieses Tages ist es Zeit für die Frage, wie denn diese Freiheit und dieser

Zwei Arbeitsjahre von Heinrich und Annemarie Böll
In seinem Arbeitsbuch, in dem Heinrich Böll jede »Arbeit« verzeichnet hat, egal ob es sich um einen Roman, eine Pressekonferenz, einen Auftritt vor Gericht, ein Interview oder ein Statement handelte, sind für den Zeitraum 1975–1976 116 Arbeiten verzeichnet:

3 Erzählungen (›Berichte zur Gesinnungslage der Nation‹, ›Erwünschte Reportage‹, ›Bis daß der Tod Euch scheidet‹);

1 Buchausgabe (›Heinrich Böll: Gedichte. Klaus Staeck Collagen‹. Köln: Labbé & Muta);

Rechtsstaat verteidigt wurden, ehe Günter von Drenkmann das Opfer seiner Mörder wurde. Die Saat der Gewalt war aufgegangen, lange bevor dieser Mord geschah. [...] Der Boden der Gewalt wurde durch den Ungeist der Sympathie mit den Gewalttätern gedüngt. Jahrelang warfen renommierte Verlage revolutionäre Druckerzeugnisse auf den Büchermarkt. Heinrich Böll bezeichnete den Rechtsstaat, gegen den die Gewalt sich richtet, als ›Misthaufen‹ und sagte, er sähe nur ›Reste verfaulender Macht, die mit rattenhafter Wut verteidigt‹ würden.«

Wegen der Behauptungen im Kommentar Matthias Waldens vom 21. November 1974 verklagt Böll ihn und den Sender Freies Berlin beim Landgericht Köln. Bei der mündlichen Verhandlung nennt Böll die Gründe: »Es besteht für mich nicht einmal die Andeutung eines Zweifels, daß die Nennung meines Namens in diesem Kommentar eine exakt geplante und exakt mit den Mitteln der Tatsachenfälschung ausgeführte Schmähung war.« Die verwendeten Zitate seien weder datiert noch platziert, die auf den Rechtsstaat bezogenen Bezeichnung »Misthaufen« sei eine glatte Fälschung. Es ist der Beginn eines Prozesses, der Rechtsgeschichte schreiben wird, da er durch alle Instanzen geführt wird, 1978 zunächst ein die Klage zurückweisendes »endgültiges« Urteil des Bundesgerichtshofs zum Ergebnis fand, das aber durch das Bundesverfassungsgericht aufgehoben wurde. 1981 erst spricht der Bundesgerichtshof Walden bzw. den SFB in entscheidenden Punkten schuldig – ein Sieg des Persönlichkeitsschutzes über die Pressefreiheit.

Wie wenig die staatlichen Beschlüsse (Personen- und Gebäudeschutz, personelle Aufstockung des Bundeskriminal-

2 Übersetzungen von Annemarie Böll aus dem Englischen (Judith Kerr: ›Warten bis der Frieden kommt‹, William Judson: ›In den Wäldern am Kalten Fluß‹);

21 Rezensionen (davon zehn zu literarischen Werken);

2 Film-Rezensionen (Volker Schlöndorff: ›Der Fangschuß‹, Charlie Chaplin: ›Ein König in New York‹);

5 Glossen;

3 Reden (›Kindernotstand – die Herausforderung annehmen für UNICEF‹, Laudatio für Manès Sperber zur Verleihung des Georg-Büchner-Preises, Laudatio für Heinrich Albertz

amtes etc.) in der Bekämpfung des Terrorismus fruchten und tatsächlich Sicherheit bieten, zeigt sich 1977, als trotz aller Maßnahmen höchste Repräsentanten des Staates und der Gesellschaft Anschlägen zum Opfer fallen. Im April werden Generalbundesanwalt Siegfried Buback und sein Fahrer Wolfgang Göbel erschossen, im Juli der Vorstandsvorsitzende der Dresdner Bank, Jürgen Ponto, am 5. September 1977 wird der Präsident des Bundesverbandes der Deutschen Arbeitgeberverbände, Hanns-Martin Schleyer, in Köln entführt, seine vier Begleiter werden erschossen.

Mit der Entführung Schleyers sollten vor allem die im April 1977 wegen vierfachen Mordes zu lebenslanger Freiheitsstrafe verurteilten Terroristen Andreas Baader, Gudrun Ensslin und Jan-Carl Raspe freigepresst werden. Als sich in den darauf folgenden Verhandlungen zwischen den Entführern und dem Bundeskabinett zeigt, dass der Staat sich nicht auf die Forderungen der Erpresser einlassen will, wird am 13. Oktober die deutsche Lufthansamaschine »Landshut« auf dem Rückflug von Palma de Mallorca von arabischen Terroristen entführt. Als die Maschine am 18. Oktober in Mogadischu / Somalia von einer Einheit des Bundesgrenzschutzes (GSG 9) gestürmt wird und die Geiseln befreit werden können, nehmen sich wenige Stunden später die Terroristen Andreas Baader, Jan-Carl Raspe und Gudrun Ensslin in ihren Zellen in Stuttgart-Stammheim das Leben. Einen Tag später wird Hanns-Martin Schleyer erschossen im Kofferraum eines Autos im Elsass aufgefunden. Am gleichen Tag beschließt das Bundeskabinett, bis 1981 zusätzlich 870 Millionen Mark für die Bekämpfung des Terrorismus aufzuwenden.

zur Verleihung der Carl-von-Ossietzky-Medaille);

18 Nach- und Vorworte sowie Essays;

8 Leserbriefe und Offene Briefe;

49 Interviews, Gespräche und Diskussionen (davon 31 für Fernsehen und Rundfunk, die dann meistens in der Tagespresse gedruckt wurden);

2 Pressekonferenzen (zur Vorstellung von L'76 in Bonn am 1. September 1976 mit Günter Grass, Carola Stern und Tomas Kosta, Pressekonferenz zur Ausbürgerung Wolf Biermanns mit Biermann, Günter

Die massive innenpolitische Auseinandersetzung – insbesondere während der Entführung Schleyers – führt dazu, dass diese Zeit unter dem Stichwort »Deutscher Herbst« in die Geschichtsbücher eingegangen ist. Einerseits kommt es zu einem nie dagewesenen Maß an Fahndungsaktivitäten der Polizei (mit vielen Pannen, die zum Rücktritt von Bundesinnenminister Werner Maihofer führen), zum anderen werden auf der Suche nach den dafür Verantwortlichen und Schuldigen die deutschen Intellektuellen, allen voran Heinrich Böll, benannt.

Es beginnt eine Zeit, die sich von den bisherigen Höhepunkten der Auseinandersetzung 1972 und 1974 dadurch unterscheidet, dass jetzt die Bundesrepublik als Rechtsstaat infrage gestellt wird. Der Ruf nach der Todesstrafe wird wieder laut und in Teilen der »rechten« Presse wird die Aussetzung der Grundrechte für so genannte Sympathisanten gefordert. In einem Bericht in ›Die Zeit‹ über die Entführung Schleyers werden Schaulustige am Tatort zitiert: »Kopf ab« oder »die Polizisten sollten mal beim Böll nachsehen, die sitzen da und trinken zusammen Kaffee«. Die Diffamierung Bölls und die damit erzeugte Stimmung geht so weit, dass in Würzburg eine Aufführung der Theaterfassung von ›Katharina Blum‹ verschoben werden muss und an einer Münchner Schule die Lektüre der Erzählung abgebrochen wird. In Bayern wird ernsthaft die Frage diskutiert, ob die Texte von Heinrich Böll und Günter Grass überhaupt noch als Schullektüre zu empfehlen seien.

Da nützt es auch nichts, dass auf Bitten der Landesregierung von Baden-Württemberg Pfarrer Heinrich Albertz, Heinrich Böll, der Theologe Helmut Gollwitzer und Bi-

Wallraff sowie Reinold Neven DuMont);

2 Gerichtstermine (Aussage im Prozess gegen Matthias Walden, Gutachten als Sachverständiger im Prozess gegen Günter Wallraff).

Im selben Zeitraum verfasste Heinrich Böll zudem ca. 250 Briefe und unternahm mit Annemarie Böll fünf Reisen nach Dänemark, Griechenland, in die Niederlande, nach Frankreich, Portugal und in die Schweiz.

schof Kurt Scharf einen vielfach abgedruckten Aufruf an die Entführer richten: »Wir appellieren an die Entführer von Hanns-Martin Schleyer: Seien Sie sich klar, daß weiteres Töten alles vernichtet, was Sie erreichen wollen, und unabsehbare Folgen für unser ganzes Land haben wird, auch für Ihre Freunde in den Gefängnissen! Lassen Sie Menschlichkeit über Ihre Planung siegen und geben Sie das mörderische Tauschgeschäft von Menschenleben gegen Menschenleben auf!«

Dieser Appell führt zu höhnischen Kommentaren wie dem des CSU-Abgeordneten Carl-Dieter Spranger: Wenn eine Woche nach der Entführung Schleyers Wegbereiter des Terrorismus »wie Böll, Gollwitzer und andere« die Terroristen um Ruhe bäten, müsse man feststellen, dass »auch diese Herren, ohne deren Reden und Handeln die Bedrohung des Terrorismus von heute nicht denkbar wäre«, nichts hinzugelernt hätten.

57 Eine Karikatur aus der ›Welt‹ mit der Unterzeile: »Deutschlands Dichterfürsten beziehen neue Stellung in der Terroristenfrage …«

Günter Grass stellt sich vor Heinrich Böll und spricht von einer »Hexenjagd« gegen Intellektuelle und Männer der Kirche. »Ich halte es für eine Schande, daß ein Mann wie Heinrich Böll, ein Nobelpreisträger, in der aktuellen Situation nicht den Schutz des Bundespräsidenten erfährt.«

Es ist die Zeit, in der so genannte Zitatensammlungen entstehen, die »von gesprochenem und geschriebenem Ungeist« (eine andere Sammlung trägt den Titel ›Verharmloser, Sympathisanten und Staatsfeinde‹) Zeugnis ablegen sollen. Zitiert werden u.a. Hans Magnus Enzensberger, Günter Grass, Willy Brandt, Helmut Schmidt, Helmut Gollwitzer und Heinrich Böll. Ständig werden u. a. in der ›Welt‹ und der ›Bild‹-Zeitung von den »Sympathisanten« Distanzierungen von den Verbrechen der Terroristen gefordert. Böll bezieht in einem Fernsehinterview Stellung: »Ich brauche mich nicht von Terror und Mord zu distanzieren, weil ich mich nie damit identifiziert habe. Dieses unsinnige Ansinnen, ›jetzt muß er sich aber distanzieren‹, ist ja schon eine Erscheinungsform der Perversität. Wenn in der Straße neben mir eine Frau ermordet wird oder vergewaltigt und ermordet wird, brauche ich doch nicht meinen Abscheu auszudrücken. Wer auch nur fünf Zeilen außer diesen zehn Zeilen, die immer wieder zitiert werden, von mir gelesen hat, wird mir nicht unterstellen, daß ich je Mord und Terror und ähnliche Dinge auch nur andeutungsweise gebilligt habe. Deshalb brauche ich mich doch nicht von einem Terrorakt zu distanzieren. Das ist doch absurd. Das ist doch schon eine Mutation der Denkvorgänge.«

Marcel Reich-Ranicki bringt in einer Stellungnahme in der Fernsehsendung ›Titel, Thesen, Temperamente‹ die

Einerseits stecke ich tief im Manuskript, andererseits schrekken mich meine privaten Verhältnisse immer wieder auf und wollen mich lehren, was ein Chaos ist; diese ewige Zappelei hält mich zumindest beweglich, auch wenn ich nur die Hälfte der an mich gerichteten Wünsche verstehe. Wenn ich Dich und Deine Frau Annemarie sehe, frage ich mich oft: Wie schafft Ihr das bloß? Vielleicht solltest Du mir bei Gelegenheit eine Lektion erteilen. *Günter Grass an Heinrich Böll (16. Januar 1976)*

Vorgänge auf den Punkt: »Die Bundesrepublik ist durch die Schleyer-Entführung in eine ernste Krise geraten. Die Schuldigen kann man vorerst nicht finden. Also braucht man Sündenböcke [...]. Warum richtet sich [...] die Diffamierungskampagne gerade gegen Böll? Vielleicht deshalb, weil er, wie kein anderer seit über zehn Jahren, in öffentlichen Angelegenheiten ingerierend, dem Amt des unabhängigen, des freien Schriftstellers in Deutschland eine neue Würde zu verleihen vermochte [...]. Und wenn es besonders die Springer-Presse ist, die ihn so gern attackiert, so mag es damit zusammenhängen, daß er in der Erzählung ›Die verlorene Ehre der Katharina Blum‹ die verheerende Rolle der Bild-Zeitung decouvriert hat. Das hat man ihm nicht verziehen.«

In der Situation helfen auch demonstrative öffentliche Treffen, wie das von Willy Brandt mit Heinrich Böll am 13. September 1977 und andere Solidaritätsbekundungen nichts – in dieser Stimmung wird jeder differenzierte Gedankengang in eine Unterstützung der Terroristen umgemünzt, und der Verdacht, mögliche Unterstützer von

58 Heinrich Böll war der »Aufmacher« für einen Bericht des ›Stern‹ über die innenpolitische Situation 1978.

STERN-SERIE

Freiheit '78

Die bösen Geister

Nobelpreisträger Heinrich Böll ist zum Abschuß freigegeben: Ungestraft darf er als »geistiger Bombenwerfer« und als Sympathisant der Terroristen verleumdet werden. Der vom Radikalenerlaß geweckte Ungeist vergiftet das ganze Land: Schüler bespitzeln ihre Lehrer, Bürger denunzieren ihre politischen Gegner von nebenan, Betriebe durchleuchten die politische Haltung ihrer Arbeiter. Und selbst Linke verpfeifen andere Linke

Ein Bericht von Peter Koch und Reimar Oltmanns

Im Ausland geschätzt, im Inland verhetzt: Der Schriftsteller und Nobelpreisträger Heinrich Böll / Er fürchtet, daß in der Bundesrepublik »Freiheit und Demokratie langsam im Namen von Freiheit und Demokratie erstickt werden«

Verbrechern zu sein, erneut auf die Famile Böll ausgedehnt – eine Form von Sippenhaft wird praktiziert.

Am 27. September 1977 wird durch einen anonymen Anruf der Polizei mitgeteilt, in der Kölner Südstadt, am Martin-Luther-Platz, seien drei Männer beobachtet worden, die Schusswaffen bei sich trügen. Sofort wird ein Gebäudekomplex mit vielen leer stehenden Wohnungen umstellt, in dem sich auch die Wohnung und das Atelier von René Böll und seiner zu dieser Zeit hochschwangeren Frau Carmen befinden. Über die Art der Durchsuchung des Gebäudes wird widersprüchlich berichtet. Heinrich Böll schreibt später an seinen Anwalt: »Es kam zu jener schon fast lebensgefährlichen Stimmung nach der Schleyer-Entführung, in der sich Handwerker weigerten, unseren defekten Badezimmer-Boiler zu reparieren, in der meine Sekretärin auf das übelste angepöbelt wurde, in der schließlich auf den anonymen Anruf [...] eine Hausdurchsuchung stattfand; ob es 35 oder nur, wie zugegeben, 18 Polizisten waren, ist uninteressant; jedenfalls standen Scharfschützen auf den Dächern der umliegenden Häuser und es wurde ›nicht‹, wie polizeiamtlich später behauptet und vom Polizeipräsidenten und Landesinnenminister ›bestätigt‹ – es wurde ›nicht‹ ein Häuserblock, sondern ein Gebäudekomplex – vorderes erstes und zweites Hinterhaus – durchsucht, und es wurde in diesem leerstehenden Komplex ›nur‹ die Wohnung meines Sohnes durchsucht, ein Atelier im Obergeschoß, eine Tischlerwerkstatt im Erdgeschoss in denen sich je 50 Terroristen leicht hätten versteckt halten können, wurden ›gar nicht‹ betreten; erst Wochen später erfuhr ich, daß man wenige Tage später unser Haus in einem Kölner Vorort

Beispielhaft für die **Stimmungsmache** steht ein Kommentar von Peter Boenisch zu Bölls Kritik an der Hausdurchsuchung bei René Böll in ›Bild am Sonntag‹ vom 9. Oktober: »Oh, du lieber Heinrich, alles ist hin. Wie soll man in dieser faschistoiden Bundesrepublik leben? Nun sucht doch die Polizei nach Waffen und Terroristen. Wer hätte das gedacht? Sie kommen mit 40 Mann. Unerhört. Warum sind sie nicht zu dritt, wie bei Schleyer. Zu dritt kann man sie so schön abknallen.«

durchsucht hat, in dem wir seit 8 Jahren nicht mehr wohnten, und es kam dann jene Hetzwelle, während derer u. a. Gäste sich bei einem Wirt darüber beklagten, daß er uns überhaupt bediene – und das in unserer Nachbarschaft auf dem Lande. Ich habe das in einem anderen Zusammenhang ›zerstörte Nachbarschaft‹ genannt.«

Die Angriffe auf Böll bewirken – wie schon 1972 – eine Welle von Solidaritätsbekundungen. Täglich erreichen ihn Unterschriftenlisten – sogar aus Dänemark. Im ›Hamburger Abendblatt‹ erscheint unter der Überschrift ›Lehrer wenden sich an die Öffentlichkeit‹ eine halbseitige Anzeige mit ca. 1000 Unterschriften als Ausdruck der Verbundenheit mit den angegriffenen Intellektuellen insgesamt. »Wir sehen mit Sorge, wie durch die Entwicklung der letzten Zeit die grundgesetzlich garantierten Freiheiten des Geistes, der Literatur, Kunst und Wissenschaft bedroht werden.«

Am 21. Dezember 1977 wird Heinrich Böll 60 Jahre alt. Mit den Feiern erreicht auch die Solidarisierung ihren Höhepunkt: Der Rat der Stadt Köln richtet einen großen Empfang aus, der von Böll als besonderes Zeichen der Verbundenheit angesehen wird; in zahlreichen großen Fernseh- und Zeitungsportraits und Würdigungen wird das »Bild« Heinrich Böll wieder »zurecht gerückt«. Zudem erscheinen die ersten fünf Bände der Werkausgabe, ›Romane und Erzählungen‹ im Verlag Kiepenheuer & Witsch.

Das folgende Jahr 1978 wird für Böll (und viele andere Betroffene der zurückliegenden Hetzkampagne) thematisch von der Aufarbeitung des Herbstes 1977 bestimmt. Er beteiligt sich zunächst an Diskussionen wie ›Die Bundesre-

Merkwürdigerweise habe ich etwa drei Wochen lang das Ritual distanziert beobachtet und stellte dann gestern [am 27. 9. 77] fest, wie das dann wirkt, wenn eine Denunziation und Stimmungsmache konkret wird: aufgrund eines anonymen Anrufes, den ja jeder mit zwanzig Pfennig in der Tasche tätigen kann, ist mein Sohn denunziert worden, der bisher politisch überhaupt nicht tätig war und sich auch nicht geäußert hat. Es kamen 40 Beamte vom Schleyer-Sonderkommando während seiner Abwesenheit in seine Wohnung. Nachdem ich also das Ritual bisher kühl bepublik Deutschland: Ideale Demokratie oder Polizeistaat?‹, schreibt Essays und beginnt das Thema auch literarisch zu bearbeiten. Noch im Herbst 1977 hatten sich verschiedene Filmemacher, darunter Rainer Werner Fassbinder, Alexander Kluge und Volker Schlöndorff, an die Realisierung eines Filmprojekts mit dem Titel ›Deutschland im Herbst‹ begeben. Böll verfasst eine Szene in Anlehnung an die verschobene Theateraufführung der ›Katharina Blum‹ in Würzburg, die Volker Schlöndorff filmisch umsetzt .›Die verschobene Antigone‹ befasst sich mit der »Selbstzensur«, die sich bei den öffentlich-rechtlichen Medien unter dem Eindruck der Entführung Schleyers und der allgemeinen Stimmung eingeschlichen hat. In einem Fernsehstudio sitzt eine Filmkommission aus staatlichen und kirchlichen Vertretern, die eine Neuinszenierung der klassischen ›Antigone‹ von Sophokles genehmigen soll. Der Stoff erscheint aber zu aktuell, und die Ausstrahlung wird auf unbestimmte Zeit verschoben. Die Szene endet mit der Bemerkung eines Kommissionsmitglieds an den Regisseur: »Ich möchte noch hinzufügen, daß es eine sehr gute Inszenierung ist, sehr gut – nur nicht der rechte Zeitpunkt, sie zu senden.«

Wenn auch die Beschäftigung mit Heinrich Böll in den Medien einer Normalität gewichen ist, der Springer-Konzern setzt seine permanent verleumderische Darstellung fort und scheut sich nicht, Prominente verfälschend als Zeugen gegen Böll zu zitieren. In einem Bericht der ›Bild‹-Zeitung vom 18. April 1978 über den Sohn Hanns-Martin Schleyers, Hanns-Eberhard Schleyer (Bevollmächtigter des Landes Rheinland-Pfalz in Bonn) wird dieser »wörtlich«

obachtet habe, bin ich jetzt so weit, daß ich seine Wirkungen analysiere. Vor allem die Wirkungen auf meine Familie! Wenn ich schon ein Bösewicht bin, dann sehe ich nicht ein, daß da Sippenhaft praktiziert werden muß. Und ich frage mich: Wenn jemand in München anonym die Polizei anruft und ihr mitteilt, daß ein Sohn von Herrn Strauß Waffen in der Wohnung hat – ob dann 40 bayerische Polizeibeamte in die Wohnung des Sohnes von Herrn Strauß gehen.

›Diese Art von Stimmungsmache ist lebensgefährlich‹ (1977)

wiedergegeben: »Böll leugnet noch immer seine politische Verantwortung. Vieles bis zur Extremform des Terrorismus aber ist entscheidend auf Meinungsbildner wie Böll zurückzuführen.« In einem Brief an Böll berichtet Schleyer von seiner tiefen Betroffenheit über dieses angebliche Zitat, das »einer tendenziellen Berichterstattung entspricht, die umgehend der Richtigstellung [...] bedarf.« Er verlangt von der ›Bild‹-Zeitung eine Berichtigung der verfälschten Äußerung, die dann am 14. Juni 1978 klein gedruckt erscheint: »Heinrich Böll trägt keine Verantwortung für die Erscheinungsformen des Terrorismus.«

Im März 1978 erscheint in der Münchner ›tz‹ die Antwort auf eine Umfrage: »Sechs prominente Autoren haben große Pläne«, in der Böll auf ein von ihm in Angriff genommenes neues Buchprojekt hinweist – eine erste konkrete Äußerung zum Roman ›Fürsorgliche Belagerung‹, der im Herbst 1979 erscheinen wird und den er in verschiedenen intensiven Arbeitsphasen zwischen Juli 1978 bis Ende Februar 1979 im Manuskript fertigstellt. Die Überarbeitung als Ergebnis der Diskussionen mit Annemarie Böll und Dieter Wellershoff ist im Mai abgeschlossen. Der

Seit Monaten, bis heute, erreichen uns so zahlreiche Bekundungen der Zusammengehörigkeit, daß wir nicht allen, die uns geschrieben, Listen aufgelegt, Anzeigen publiziert haben, einzeln unseren Dank aussprechen können. Wir möchten all denen, die Zusammen- und Zugehörigkeit bekundet haben, auf diesem Wege herzlich danken. Wir sind sicher, auch im Namen derer danken zu dürfen, die im Kontext der zahlreichen Peinlichkeiten nicht genannt wurden, aber mitgemeint waren.

Luise Rinser Günter Grass Günter Wallraff Heinrich Böll

Roman erscheint als Vorabdruck vom 19. Juli bis Ende Dezember 1979 im ›Stern‹ und wird im Juli an den Buchhandel ausgeliefert.

Unter den verschiedenen Auswirkungen von Sicherheitsmaßnahmen wird das Personal der ›Fürsoglichen Belagerung‹ verstört und gerät in einen Zustand, der für Heinrich Böll der Auflösung der Gesellschaft als Gemeinschaft gleichkommt, sie geraten in »Angst« (eine Vokabel, die 107-mal im Roman verwendet wird) und durch die Be- und Überwachung findet eine Zerstörung der Nachbarschaft statt – so wie Heinrich Böll und seine Famile sie im September 1977 selbst empfunden haben. Aus der Angst der Menschen in der ›Fürsorglichen Belagerung‹ wächst ein Misstrauen den Mitmenschen gegenüber, die sich im Roman in einer weiteren Vokabel ausdrückt: dem hundertvierfach verwendeten »nett«. Dieses »nett« ist Ausdruck der Verunsicherung auf der sprachlichen Ebene des Personals, denn »die Begriffe nett und Nettigkeit sagten nichts, nicht das geringste über das, wozu ein Mensch fähig sei«.

Die häufige Verwendung dieser Floskel im Roman bringt zwei »Meinungsführer« der Kritik, Marcel Reich-Ranicki (›FAZ‹) und Wolfram Schütte (›Frankfurter Rundschau‹) zu demselben, den Roman und seinen Autor disqualifizierenden Ergebnis: Sie interpretieren unter den Überschriften ›Nette Kapitalisten und nette Terroristen‹ und ›Lauter nette Menschen‹ die »Sprachlosigkeit« des Roman-Personals als eine Ausdrucksschwäche des Autors.

Die in seinen Augen teils unangemessene Kritik veranlasst Böll, auf dem Verlagsfest zum Erscheinen des Romans eine improvisierte Rede zu halten (»Ein paar sehr nette Leu-

◀ 59 Nach der vielfach bekundeten Solidarität bedankten sich die »Denunzierten« mit einer Anzeige im ›Tagesspiegel‹ vom 29. Januar 1978.

te hier haben mich gebeten, ein paar Worte zu sagen. Wenn ich sage ›nett‹, dann meine ich natürlich wirklich nett, richtig nett, oder wie man heute sagt: echt nett.«), in der er die semantische Differenzierung von »nett« mit der natürlichen Nuancierung der Farbe »Rosa« vergleicht.

Im Herbst des Jahres 1979 reisen Annemarie und Heinrich Böll nach Ecuador. Dort findet eine Art Familientreffen statt: Die Söhne René und Vincent sind mit ihren ecuadorianischen Frauen Carmen-Alicia und Teresa zu Besuch bei deren Familien; beide sind gespannt, das Land ihrer Schwiegertöchter kennen zu lernen, über das sie aus Erzählungen schon viel gehört haben. In Ecuador treten bei Heinrich Böll allerdings massive gesundheitliche Probleme auf: Der klimatische Wechsel führt zu Problemen in den durch die jahrelange Diabetes angegriffenen Gefäßen des rechten Beines, die durch eine Operation und das Einsetzen künstlicher Adern soweit behoben werden, dass Annemarie und Heinrich Böll Anfang Januar 1980 in die Bundesrepublik zurückkehren können. Hier muss Böll erneut operiert werden. Ein monatelanger Klinikaufenthalt schließt sich an.

60 Heinrich Böll bei seiner Rede ›Nett ist rosa‹ im Verlag Kiepenheuer & Witsch am 15. August 1979. Links sein Verleger Reinold Neven DuMont

Die letzten Lebensjahre

Nachdem Heinrich Böll im April 1980 aus der Klinik entlassen worden ist, zieht er sich zunächst mit Annemarie Böll nach Langenbroich zurück und nimmt allmählich die Arbeit wieder auf: Er rezensiert die Memoiren Axel Cäsar Springers ›Aus Sorge um Deutschland – Zeugnis eines engagierten Berliners‹ und beginnt mit der Niederschrift eines autobiografischen Textes. Angeregt durch den Feuilleton-Chef der ›Frankfurter Allgemeinen Zeitung‹, Marcel Reich-Ranicki, entsteht ›Was soll aus dem Jungen bloß werden? Oder: Irgendwas mit Büchern‹. Misstrauisch der eigenen Erinnerung gegenüber beschreibt Heinrich Böll seine Schulzeit unter den Nationalsozialisten in Köln zwischen 1933 und 1937. Böll, dessen Verhältnis zu Reich-Ranicki seit dessen Verriss der ›Fürsorglichen Belagerung‹ gespannt war, hatte die Idee aufgegriffen, da ihn das Thema reizte und geeignet war, ihn »aus psychischen Tiefen und Untiefen nach [meiner] schweren Krankheit herauszuholen«, wie er an Karl Korn, nachdem der Text in der ›Frankfurter Allgemeinen‹ im April 1981 erschienen war, schreibt. In dem Brief an Korn beschwert sich Böll allerdings heftig über den Abdruck, der nicht nur eine gekürzte, sondern eine durch Reich-Ranicki redigierte Fassung darstellt. Zwar hatte

61 Einer der wenigen autobiografischen Texte Heinrich Bölls erschien 1981 im Lamuv-Verlag seines Sohnes René.

er selbst, da ihm der Text zu umfangreich für einen Zeitungsabdruck erschien, Reich-Ranicki empfohlen, eine geschlossene Passage zu streichen, beim Lesen des Zeitungstextes aber eine regelrechte Bearbeitung festgestellt. »In meiner ganzen ›Laufbahn‹«, schreibt er, »die immerhin fast 40 Jahre umfasst – ist mir etwas derartiges noch nicht passiert, nicht einmal als blutiger Anfänger, als ich meine ersten Kurzgeschichten durch die Gegend schickte, hat mir irgendjemand irgendetwas gestrichen, ohne mich zu fragen.«

›Was soll aus dem Jungen bloß werden?‹ ist der einzige längere autobiografische Text neben dem seinen vier Söhnen gewidmeten ›Brief an meine Söhne‹ (1985). Er erscheint vollständig in der ›Zeit‹ im August 1981 und wenige Tage später als Buch in dem von René Böll geführten Lamuv-Verlag. René Böll wird neben Reinold Neven DuMont von Kiepenheuer & Witsch zum zweiten Verleger Heinrich Bölls. Er bringt Bölls Frühwerk, dessen Rechte zuletzt vom Waltraud-Middelhauve-Verlag verwaltet wurden, in neuen, von Klaus Staeck gestalteten Ausgaben heraus.

Im August 1981 beginnt Heinrich Böll einen weiteren Roman, der den Arbeitstitel ›Blaukrämer‹ trägt und sich all-

62 Heinrich Böll und Lew Kopelew 1982. Der russische Germanist und Schriftsteller wurde 1980 während eines Besuchs in Köln zusammen mit seiner Frau Raissa Orlowa aus der UdSSR ausgebürgert und lebte seitdem in Köln.

63 300 000 Menschen versammelten sich am 10. Oktober 1981 zur größten Friedensdemonstration in der Geschichte der Bundesrepublik auf der Bonner Hofgartenwiese. ▶

mählich, bis Mai 1985, in oft unterbrochenen Arbeitsphasen und auf der Suche nach der richtigen Form, von einem konventionell begonnenen Roman zu einem in »Monologen und Dialogen« wandelt und dann posthum im Sommer 1985 unter dem Titel ›Frauen vor Flußlandschaft‹ erscheint.

Die weltpolitische Diskussion war 1981 durch das Wettrüsten bestimmt. Der Ende der siebziger Jahre von der NATO gefasste so genannte Doppelbeschluss als Antwort auf die Raketenmodernisierungen im Warschauer Pakt sah Abrüstungsverhandlungen bei gleichzeitiger Nachrüstung vor. Unter dem Eindruck einer neuen Rüstungsspirale, wozu die geplante Aufstellung neuer Mittelstreckenraketen in der Bundesrepublik gehörte, entstand hier die Friedensbewegung als ein Zusammenschluss verschiedener Friedensinitiativen. Für den 10. Oktober 1981 organisierten diese Initiativen eine zentrale Protestkundgebung in Bonn. Es war die größte Demonstration in der Geschichte der Bundesrepublik, und Heinrich Böll hielt vor 300 000 Menschen, die im Bonner Hofgarten versammelt waren, seine Rede ›Gegen die atomare Bedrohung gemeinsam vorgehen‹. Bei der Kundgebung traten vor allem unabhängige Redner auf, darunter der Friedensforscher Robert Jungk, die Theologin Uta Ranke-Heinemann, Erhard Eppler und

Petra Kelly. Eppler sprach als Vertreter einer »linken« Minderheit in der SPD, die als Regierungspartei den NATO-Beschluss, der auf eine Initiative Helmut Schmidts zurückging, unterstützte. Petra Kelly trat als Vertreterin einer neuen Partei, der Grünen, auf.

Die politische Rolle der SPD hatte sich seit Beginn der ersten Amtsperiode Willy Brandts sehr geändert. Brandt hatte anfangs noch das »große Gespräch« als ständigen Dialog zwischen den Intellektuellen und der Regierung proklamiert und auch geführt. Doch spätestens mit seinem Rücktritt am 6. Mai 1974 und der Übernahme der Regierungsgeschäfte durch Helmut Schmidt trat Ernüchterung ein. Ein Austausch, wie Böll ihn sich vorgestellt hatte, fand nicht statt. Fortan blieben Wahlkampf-Reden wie die für Willy Brandts Ostpolitik aus.

Als im März 1979 eine neue politische Vereinigung, »Die Grünen«, gegründet wurde, um als Partei an den ersten Wahlen für das Europäische Parlament teilnehmen zu können, finden sie die aktive Unterstützung Bölls. Der Zusammenschluss aus verschiedensten Umwelt-, Menschenrechts- und Friedensgruppen setzte sich in seiner Program-

Unmittelbar nach der Wahl schrieb der Minister für innerdeutsche Beziehungen, Rainer Barzel, mit dem Böll seit Mitte der siebziger Jahre privaten Kontakt hatte, einen Brief an ihn und beklagte sich bei ihm »ganz persönlich und privat« über die traditionsbrechenden neuen Formen, die die Grünen im Parlament einführten. Heinrich Böll antwortete ihm am 16. März 1983:

Lieber Herr Dr. Barzel,
»ganz persönlich und privat« auch möchte ich Ihnen auf Ihren Brief, die Grünen betreffend, antworten.

Sie überschätzen nicht nur meinen Einfluss auf dieselben, auch meinen Ehrgeiz, Einfluss zu nehmen. Wenn man mich um Rat fragt, werde ich diesen erteilen, aber ich sehe keinen Grund, mich als Ratgeber anzubieten oder gar aufzudrängen. Ich finde – soweit ich das, aus zweiter Hand informiert, also aus Presse, Rundfunk, Fernsehen, beurteilen kann –, dass man etwas allzu herablassend mit dieser neuen Gruppe im Parlament umgeht, geradezu skandalös finde ich, wie man ihnen die praktische Arbeit erschwert (Räumlichkeiten etc.). Als »Souverän«, Wähler also, erstaunt mich matik für Böll entscheidend von den Alt-Parteien ab. »Die ›Grünen‹, die offenbar kommen, drücken alles aus, was die großen Parteien versäumt haben. Da ist der konservative Teil der ›Grünen‹. Ich empfinde Umweltschützer als konservative, also bewahrende Menschen. Die Konservativen, die sich selbst so nennen, sind die eigentlichen Zerstörer durch ihre blinde Progressivität, Wachstum und dergleichen. Der konservative Teil der ›Grünen‹ also hat das übernommen, was die Konservativen versäumt haben. Der linke Flügel der ›Grünen‹ hat das übernommen, was die linke SPD versäumt oder nicht durchgesetzt hat. Das gilt auch für die FDP. [...] Die ›Grünen‹ werden sich noch zurechtschütteln müssen, um eine wirkliche Partei zu werden, auch Verantwortung annehmen und übernehmen müssen. Die drei Parteien im Bundestag täuschen sich immer noch über diese Bewegung, die noch keine Partei ist.«

Die große Friedensdemonstration am 10. Oktober 1981 war für Heinrich Böll nicht nur wegen der Anzahl der Demonstranten bedeutsam: »Da waren ja fast nur junge Leute, die auf eine schändliche Weise diffamiert wurden in verschiedenen Kommentaren. Ich habe sie mir genau an-

einigermassen, dass man offenbar nicht darauf vorbereitet war, eine neue Gruppierung im Parlament entsprechend zu empfangen. Die »Grünen« sind die absolut legale Vertretung einer, wenn auch nicht genau definierbaren, aber doch bestimmten Gruppe von Wählern (welche Partei könnte schon genau definieren, von wem sie warum gewählt worden ist!), die einen anderen als den bisher im Parlament bestimmten Stil wollen. Sie haben, finde ich, nicht nur Ambiente und Auftreten, auch Inhalte. Ihre Form ist von ihren Inhalten bestimmt, es ist ihr Stil, der manches erstarrte Ritual auflockern könnte. Sie sind – den Eindruck konnte man gelegentlich haben – keine »unartigen Kinder«, sie haben nur ihre Art, eine neue, die manch »alten Fuhrmann« erstaunen mag. Im übrigen sind die Abgeordneten – da sie ja alle im »gesetzlichen Mindestalter« stehen, erwachsene Menschen, von denen ich hoffe, dass sie Primäres nicht an Sekundärem scheitern lassen. Wenn man mich um Rat fragt, werde ich ihn in diesem Sinne erteilen.
Mit herzlichen Grüßen
Ihr
Heinrich Böll

gesehen, so weit das Auge reichte im Hofgarten. Ich habe mir viele Fotos und viele Filme, soweit sie überhaupt gezeigt wurden, angesehen. Und das hat mich tatsächlich mit einer auch politischen Hoffnung erfüllt. So ungenau manches sein mag, was sich da grün, alternativ, traditionell oder nur anti nennt, sehe ich da eine große Hoffnung, die sich fast täglich bestätigt. Und die in den Medien fast gar nicht auftaucht. Da liegt dann wieder die große Heuchelei darin, daß man ungeheuer scharf ist auf das Gespräch mit der Jugend, aber sie möglichst draußen hält.«

Die Grünen erhielten bei den nach dem Ende der sozialliberalen Koalition im Oktober 1982 auf März 1983 vorgezogenen Bundestagswahlen 5,6 Prozent der Stimmen und zogen damit zum ersten Mal in den Bundestag ein.

Für Annemarie und Heinrich Böll und ihre Familie ist 1982 ein Jahr der Trauer. Der Gesundheitszustand ihres seit langem erkrankten Sohnes Raimund verschlechtert sich – er stirbt Ende August im Alter von 35 Jahren.

Im Dezember begeht Heinrich Böll seinen 65. Geburtstag, und aus diesem Anlass will der Rat der Stadt Köln ihm das Ehrenbürgerrecht verleihen. Es kommt fast zu einem Eklat, weil sich die CDU im Rat weigert, den Text der Verleihungsurkunde, in dem Böll auch als »kritischer und engagierter Beobachter gesellschaftlicher Fehlentwicklung« beschrieben wird, mit zu verabschieden. Sie ist lediglich bereit, den »meisterhaften Erzähler und Schriftsteller von internationalem Rang« zu ehren. Heinrich Böll hatte bereits ein Telegramm an Oberbürgermeister Norbert Burger (SPD) verfasst, in dem er eine nur »halbe« Ehrung als unzumutbar ablehnt. Es entsteht eine revidierte Fassung.

64 Am 29. April 1983 trägt ▶ sich der Ehrenbürger Heinrich Böll unter den Augen von Oberbürgermeister Norbert Burger in das Goldene Buch der Stadt Köln ein.

Dank der Überredungskünste des Oberbürgermeisters stimmt Böll einer abgemilderten Formulierung im Urkundentext zu und diese Provinzposse findet ein Ende. In seiner Dankesrede im April 1983 geht Böll auf die Diskussion ein: »Es gab – als diese Ehrung im Rat beraten wurde – ein paar Kontroversen und Mißverständnisse, die ich nicht umgehen, sondern ansprechen möchte. Und zwar nicht, um hier Retourkutschen zu befrachten und zu bemannen, sondern um auf eine generelle Verkennung der Literatur zu kommen, denn ich möchte die Damen und Herren, die da gar nicht – oder nur zögernd – dieser Ehrung zugestimmt haben, nicht anklagen, eher verteidigen. [...] Was ich nicht begriffen habe, was mich deshalb natürlich auch nicht kränken konnte, war der Versuch, den sogenannten Erzähler von dem anderen zu trennen, der da gelegentlich Aufsätze schreibt, Kritiken, den man gelegentlich reden hört, ganz abgesehen davon, daß auch Aufsätze, Kritiken und Reden Literatur sind. Wenn sie schon ärgerlich sind, ist es gerade das Literarische an ihnen, sagen wir meinetwegen das Poetische daran, das Gefährliche, eben weil es aus der routinepolitischen Sprache sich abhebt und eingeht. Davon abgesehen, finde ich, wenn ich in mich

gehe, den sogenannten Erzähler, wenn man schon von Ärger und Gefahren spricht, gefährlicher und ärgerlicher als den anderen. Deshalb habe ich diese Trennung nicht verstanden.«

Nach den Wahlen im März 1983 kommt es zu einem Ereignis, das Heinrich Böll fast »in Resignation oder Apathie« verfallen lässt: die Ernennung des Chefredakteurs der ›Bild‹-Zeitung, Peter Boenisch, zum Regierungssprecher der in den Wahlen im März bestätigten Koalition aus CDU/CSU und FDP.

Die von Helmut Kohl ausgerufene konservative »Wende«, die im September 1982 mit dem Auszug der FDP-Minister aus der sozialliberalen Koalition begann und sich in der Wahl Kohls zum Bundeskanzler am 1. Oktober vollzog, war für Böll mit der Ernennung von Peter Boenisch zum Regierungssprecher »komplett«: ›Bild‹ regierte mit. Und das durch einen Menschen, der in den Kampagnen der siebziger Jahre mit seinen ›Bild‹-Kolumnen gegen Heinrich Böll und seine Familie Stimmung gemacht hatte. In Briefen berichtet Heinrich Böll, dass er nach der Ernennung Boenischs offizielle Einladungen ablehnt. »Ich kann mich nicht der Möglichkeit aussetzen, mit Herrn Boenisch evtl. an einem Tisch zu sitzen.« Was er ihm angetan hätte, könne er »vergessen im Rahmen böser gegenseitiger Polemik, aber was er meiner Famile angetan hat [...], ich glaube, ich wäre fähig, ihm die Saucière übers Hemd zu schütten«. Die »Beschäftigung« mit Peter Boenisch führt Heinrich Böll dazu, ein Buch-Projekt zu beginnen, mit dem er die Funktion Boenischs im Medienbetrieb aufklären will. Er studiert sämtliche ›Bild‹-Kolumnen Boenischs, wählt die

---

Preise und Ehrungen II

1970 Wahl zum Präsidenten des P.E.N.-Zentrums der Bundesrepublik Deutschland (bis 1972)

1971 Wahl zum Präsidenten des Internationalen P.E.N. (bis 1973)

1972 Nobelpreis für Literatur

1973 Ehrendoktorwürde des Trinity College, University of Dublin, der University of Aston, Birmingham, und der Brunel University, Uxbridge

1974 Carl-von-Ossietzky-Medaille der Liga für Menschenrechte, Berlin; Ehrenmitglied der American Academy of Arts

»markantesten« davon aus, denen er eigene Kommentare gegenüberstellt. ›Bild, Bonn, Boenisch‹ erscheint im September 1984 im Lamuv-Verlag und wird, zu Bölls eigener Überraschung, ein Bestseller.

In einem Brief merkt Heinrich Böll eine neue Form von »Arbeit« an. Seine Freunde und Kollegen würden »jetzt alle 60, 65 oder 70, und da muß eine Laudatio, bei manchem leider auch ein Nachruf her«. Die Bundesrepublik ist »in die Jahre« gekommen. Es sind nicht nur die Personen seines Umfelds, über die sich Böll Gedanken macht, es sind auch die Institutionen, die Jahrestage feiern – für Böll ein Anlass, über das Erreichte zu reflektieren, eine Bilanz zu ziehen, die wenig positiv ausfällt. 1982 feiert die ›Verwertungsgesellschaft Wort‹ ihr fünfundzwanzigjähriges Bestehen. Auf der zentralen Festveranstaltung geht Böll in seiner Rede auf die Bemühungen des von ihm mitbegründeten VS als »die« Vertretung der Schriftsteller ein: »Nein, wir haben das Ende der Bescheidenheit nicht erreicht, wir stehen am Anfang eines Zustandes, den ich nur beschreiben kann, wenn ich die vulgär-grobe Dissimilierung von Bescheidenheit benutze: am Anfang von Beschissenheit, politisch und materiell. Wir haben einiges erreicht, den Wegfall des Schulbuchparagraphen, wir haben den Bibliotheksgroschen erreicht – sehr verdienstvolle Errungenschaften, aber als einer, der die nationale Ehre genießt, kann ich Ihnen verraten, daß ich diese neue Einnahme keineswegs verachte, daß sie aber kaum meine Telefonrechnung für eineinhalb Monate deckt. Schweigen wir von anderen Unkosten.«

Die von Heinrich und Annemarie Böll mitgegründete Kölner Bibliothek zur Geschichte des Judentums, Germa-

---

and Letters, New York
1980 Premio Latina (Italien)
1982 Ehrenprofessur des Landes Nordrhein-Westfalen; Ehrenbürger der Stadt Köln
1984 Ernennung zum Commandeur im ›Ordre des Arts et des Lettres‹ durch den französischen Kulturminister Jack Lang; Jens-Bjorneboe-Preis des Odion-Teatret (Holstebro/Dänemark). Das Preisgeld in Höhe von 100 000 Dänischen Kronen stiftet Heinrich Böll an das »Deutsche Komitee Notärzte«.

nia Judaica, begeht im Juni 1984 mit einem Festakt ihr fünfundzwanzigjähriges Bestehen. Für die Festschrift verfasst Böll die Geschichte einer kleinen Judengemeinde in der Eifel, ›Die Juden von Drove‹, die über Jahrhunderte hinweg Teil der Dorfgemeinschaft waren, bis sie dem Rassenwahn der Nationalsozialisten »geopfert« wurden. Anlässlich der Feier der Germania Judaica hält Böll eine seiner letzten öffentlichen Reden. »Ein Jubiläum, aber kein Anlaß zum Jubel, denn der Grund zur Gründung der Bibliothek war ein zweifach trauriger. Erstens die Vernichtung des europäischen Judentums durch die Nazis, wir wollen sie ganz klar beim Namen nennen, und die in der zweiten Hälfte der fünfziger Jahre deutlich werdende Erkenntnis, daß die Wahrnehmung dessen, was geschehen war, was also Geschichte war, nicht stärker, sondern schwächer wurde. Trotz großer, gelegentlich pompöser öffentlicher Veranstaltungen, die pflichtgemäß abgehalten wurden, deren verdienstvoller Impuls aber nicht durch-, nicht nach unten gedrungen ist.«

Im Verlauf des Jahres 1984 arbeitet Böll intensiv an dem 1981 begonnenen Manuskript. Im Mai 1985 sind die letzten

65 1984 erschien Heinrich Bölls Buch über den damaligen Regierungssprecher Peter Boenisch.

66 Annemarie und Heinrich Böll (auf dem Bild zusammen mit Petra Kelly, Gerd Bastian und Vilma Sturm) beteiligten sich 1983 aus Protest gegen die geplante Nachrüstung an der Blockade eines Militärdepots in Mutlangen. ▶

Fahnenkorrekturen abgeschlossen. Der Roman ›Frauen vor Flußlandschaft‹, eine »Innenansicht« der Macht, befasst sich mit einem Thema, das Heinrich Böll in den letzten Jahren häufig beschäftigt hat: die Macht, die im Hintergrund ausgeübt wird mit dem Ergebnis, dass »die, die uns regieren, nicht immer die sind, ›die uns beherrschen‹«. Es ist sein Fazit der politischen Geschichte der Bundesrepublik 40 Jahre nach Kriegsende.

Am 8. Mai 1985, dem 40. Jahrestages der Kapitulation und des Kriegsendes, ist Heinrich Böll noch einmal als vielfacher Interviewpartner gefordert. Sein letztes Gespräch findet am 16. Juni 1985 mit Margarete Limberg für den Nordeutschen Rundfunk statt. Das Thema ist die innenpolitische Situation der Bundesrepublik Deutschland von ihrer Gründung bis in die Gegenwart.

Anfang Juli muss sich Heinrich Böll erneut ins Krankenhaus begeben. Er wird am 15. Juli zunächst entlassen, eine Operation ist geplant. Am Morgen des 16. Juli stirbt er in seinem Haus in dem Eifelort Langenbroich.

Unter großer Anteilnahme der Bevölkerung, der Kollegen und Politiker, unter ihnen auch Bundespräsident Richard von Weizsäcker, wird Heinrich Böll am 19. Juli in

Bornheim-Merten, seinem letzten Wohnort, beigesetzt.

Die Reaktionen der nationalen und internationalen Presse, von Politikern und Intellektuellen sind einhellig: Mit Heinrich Böll ist ein Schriftsteller gestorben, der wie kein zweiter »das literarische Gewissen des wiedergeborenen Deutschlands« verkörperte. In fast allen Nachrufen wird die moralische Integrität Bölls hervorgehoben, aus der heraus er es vermocht habe, die Position des »unabhängigen Intellektuellen« im Deutschland der Nachkriegszeit auszufüllen und so das »Gewissen der Nation« zu werden – eine Zuschreibung, die Heinrich Böll zu Lebzeiten stets vehement abgelehnt hat. »Man hat also den geradezu lebensgefährlichen Begriff des ›Gewissens der Nation‹ gebildet, ohne zu bedenken, daß das Gewissen einer Nation zunächst ihr Parlament ist – die Legislative und die Exekutive sind das eigentliche Gewissen der Nation. Dann kommt hinzu die öffentliche Meinung, d. h. die Zeitungen, die Medien aller Art, und innerhalb dieses selbstverständlichen Zusammenwirkens spielen natürlich die Intellektuellen eine wichtige und notwendige Rolle.«

Über die Rolle und Funktion der Schriftsteller in der Bundesrepublik schrieb Heinrich Böll im März 1981 an Bundeskanzler Helmut Schmidt, der Böll um Material und Hintergrundinformationen für eine Rede zum Tag des Buches gebeten hatte: »Generell zum Thema möchte ich sagen,

67 Zur Unterstützung der gemeinsam herausgegebenen Zeitschrift ›L '80 – für Demokratie und Sozialismus‹ spendete Günter Grass 1983 seine Lithografie »Bölls Schreibmaschine«.

68 Heinrich Böll mit seiner Enkelin Samay, 1984 ▶

dass es, glaube ich, nicht bezweifelt werden kann: die Autoren, die in der zweiten Republik [der Bundesrepublik] publiziert haben, sozusagen mit ihr gross geworden sind, haben ein besseres, ein positiveres Verhältnis zu dieser Republik, als es die Autoren der ersten Republik [der Weimarer Republik] hatten; das entspricht nicht nur meinen Erkenntnissen, die ich aus der Lektüre dieser Autoren gewonnen habe, es entspricht auch meiner Erfahrung mit ihnen als ehemaliger Präsident des P.E.N, und es entspricht ebenfalls meiner Erfahrung, dass der ›Ruf‹, der internationale, der Bundesrepublik zum grossen Teil auf dem Ansehen ihrer Literatur beruht, das gewöhnlich unterschätzt wird. [...] Der Gedanke der (politisch und aesthetisch) notwendigen Grenzüberschreitung, das Zu-weit-gehen-müssen, um herauszufinden, wie weit man gehen kann – sprachlich natürlich: wer innerhalb der (von wem auch immer) gesteckten Grenzen bleibt, ist in dem Sinn kein Autor, gedanklich und sprachlich muß er weitergehen, als ›erlaubt‹ ist [...], das kann sehr ärgerlich sein, und sie bekommen natürlich dann auch Ärger.«

Zeittafel

1917 Heinrich Böll wird am 21. 12. in der südlichen Kölner Neustadt, Teutoburger Straße 26, geboren.

1922 Umzug der Familie in den ländlichen Vorort Raderberg, Kreuznacherstraße 26

1924 Besuch der katholischen Volksschule in Köln Raderberg

1928 Besuch des Staatlichen Kaiser-Wilhelm-Gymnasiums

1935 Erste Schreibversuche: Gedichte und kurze Erzählungen

1937 Abitur

1938 Beginn einer Ausbildung zum Buchhändler. Ab November Ableistung des Reichsarbeitsdienstes in Wolfhagen bei Kassel

1939 Nach Beendigung des Reichsarbeitsdienstes nimmt Heinrich Böll im Sommersemester das Studium von Germanistik und alten Sprachen an der Kölner Universität auf. – Im August rückt er nach Erhalt seines Gestellungsbefehls in die Osnabrücker Winckelhausen Kaserne ein.

1940 Verlegung nach Polen (Bromberg) und Frankreich (Amiens) – Nach einer Ruhr-Erkrankung Verlegung zum Ersatztruppenteil nach Mülheim a. d.Ruhr, anschließend nach Bielefeld, Lüdenscheid und

1941 nach Köln

1942 Verlegung nach Frankreich an die Atlantikküste. Im März werden Heinrich Böll und Annemarie Cech im Kölner Rathaus standesamtlich getraut.

1943 Einsatz auf der Krim-Halbinsel. Böll wird zwei Mal verwundet. Aufenthalt in verschiedenen Lazaretten

1944 Einsatz in Jassy. Nach einer Hüftverletzung erneute Lazarettaufenthalte und Rückkehr nach Deutschland.
Ab Ende des Jahres hält er sich durch mitunter selbst künstlich verlängerte Krankheitszeiten sowie durch Manipulation eines Urlaubsscheins bis Anfang 1945 bei seiner

Familie in der Nähe Kölns auf.

1945 Im April wird Böll amerikanischer Kriegsgefangener. Überführung in ein amerikanisches Lager in Attichy. September Entlassung. Unterkunft in Much bei Siegburg. Geburt und Tod des ersten Kindes, Christoph

1946 Aufnahme der literarischen Arbeit nach dem Krieg. Neben vorwiegend kürzeren Texten entsteht der Roman ›Kreuz ohne Liebe‹. Instandsetzung und Umzug in ein Haus im Kölner Süden: Schillerstraße 99

1947 Bölls erste Veröffentlichung erscheint im Mai im Rheinischen Merkur: ›Aus der »Vorzeit«‹. Geburt des Sohnes Raimund

1948 Geburt des Sohnes René

1949 Mit ›Der Zug war pünktlich‹ erscheint Heinrich Bölls erste Buchpublikation. Arbeit an der Erzählung ›Das Vermächtnis‹

1950 Hessischer Rundfunk sendet erstmals einen Text Heinrich Bölls (Über die Brücke) – Die Sammlung ›Wanderer, kommst du nach Spa …‹ erscheint im Middelhauve Verlag. Geburt des Sohnes Vincent

1951 Erste Teilnahme an einem Treffen der »Gruppe 47«. Heinrich Böll gewinnt den Preis der Gruppe mit seiner Erzählung ›Die schwarzen Schafe‹.

1952 Im November erscheint ›Wo warst du, Adam?‹ als letzter Titel Bölls im Verlag Middelhauve. Teilnahme am 50. Mittwochsgespräch im Kölner Hauptbahnhof. Böll trägt seinen programmatischen Essay ›Bekenntnis zur Trümmerliteratur‹ vor.

1953 Reise zu einem von der französischen Zeitschrift ›Documents‹ organisierten deutsch-französischen Schriftstellertreffen nach Paris. Im April erscheint als erster im Verlag Kiepenheuer & Witsch erscheinender Roman ›Und sagte kein einziges Wort‹

1954 Umzug der Familie in ein eigenes Haus in Köln-Müngersdorf, Belvedere Straße 35. Der Roman ›Haus ohne Hüter‹ erscheint. Böll veröffentlicht zum Gründonnerstag seinen die Frage des Umgangs mit der nationalsozialistischen Vergangenheit Deutschlands gesellschaftskritischen Text ›Auferstehung des Gewissens‹. Erste Reise nach Irland.

Erste Aufzeichnungen über das Land und seine Bewohner erscheinen in der Frankfurter Allgemeinen Zeitung.

1955 Wahl zum Mitglied des P. E. N.-Zentrums der Bundesrepublik. ›Das Brot der frühen Jahre‹ und die Rundfunksatire ›Dr. Murkes gesammeltes Schweigen‹ erscheinen.

1958 Auseinandersetzung mit der katholischen Kirche mit dem ›Brief an einen jungen Katholiken‹

1959 Der Roman ›Billard um halb zehn‹ erscheint.

1961 Auf Einladung der Bundesregierung hält sich Böll mit seiner Familie als Ehrengast der Deutschen Akademie in der Villa Massimo, Rom, auf. – Als erster Band des neu gegründeten Deutschen Taschenbuch Verlages erscheint das ›Irische Tagebuch‹.

1963 Mit der Publikation des Romans ›Ansichten eines Clowns‹ schließt Böll die Auseinandersetzung mit dem Nachkriegskatholizismus ab.

1964 Im Sommersemester hält Böll an der Johann Wolfgang Goethe-Universität seine Frankfurter Vorlesungen.

1967 Böll erhält den Georg-Büchner-Preis.

1968 Böll wird Zeuge des Einmarsches von Truppen des Warschauer Pakts in Prag – das Ende des »Prager Frühling« genannten Reformversuchs in der CSSR

1969 Umzug in die Hülchrather Straße 7 im Kölner Agnes-Viertel

1970 Böll spricht auf dem 1. Kongress des Verbandes deutscher Schriftsteller (VS) in Stuttgart. Er wird Präsident des P. E. N.-Zentrums der Bundesrepublik Deutschland (bis 1972).

1971 Der Roman ›Gruppenbild mit Dame‹ erscheint. Wahl zum Präsidenten des Internationalen P. E. N. (bis 1974)

1972 Im ›Spiegel‹ erscheint Bölls Artikel ›Will Ulrike Gnade oder freies Geleit‹. Die Veröffentlichung führt zu einer monatelangen Hetzkampagne gegen ihn und andere Intellektuelle, die als »Ziehväter des Terrorismus« gebrandmarkt werden. Am 10. Dezember wird Heinrich Böll der Nobelpreis für Literatur verliehen.

1973 Im Mai hält Böll seine Nobelpreisvorlesung ›Über die Vernunft der Poesie‹.

1974 Die Erzählung ›Die verlorene Ehre der Katharina Blum‹ erscheint.

1976 Heinrich und Annemarie Böll treten aus der katholischen Kirche als Körperschaft des öffentlichen Rechts aus.

1977 Zu Ehren Bölls wird anlässlich seines 60. Geburtstages ein Empfang im Kölner Rathaus gegeben. Der Verlag Kiepenheuer & Witsch bringt den ersten Teil der auf zehn Bände angelegten Werkausgabe heraus.

1979 Der Roman ›Fürsorgliche Belagerung‹ erscheint. Während einer Reise nach Ecuador erkrankt Heinrich Böll. Nach seiner Rückkehr (1980) muß er sich mehreren Operationen unterziehen.

1981 Angeregt durch Marcel Reich-Ranicki verfasst Heinrich Böll einen autobiografischen Bericht über seine Schulzeit: ›Was soll aus dem Jungen bloß werden?‹ Zusammen mit Erhard Eppler, Heinrich Albertz, Petra Kelly hält Böll anlässlich der Friedensdemonstration am 10. Oktober in Bonn vor 300 000 Menschen seine Rede gegen die atomare Bedrohung.

1982 Die Familie zieht aus Köln in den kleinen zwischen Köln und Bonn gelegenen Ort Bornheim-Merten. Tod des Sohnes Raimund

1983 Die Stadt Köln verleiht Heinrich Böll die Ehrenbürgerschaft.

1984 Im Lamuv-Verlag seines Sohnes René erscheint ›Bild, Bonn, Boenisch‹.

1985 Für eine Operation muss Heinrich Böll Anfang Juni erneut ins Krankenhaus. Am 15. Juni wird er entlassen, um sich auf einen weiteren Eingriff vorzubereiten. Am Morgen des 16. Juli stirbt Heinrich Böll in seinem Haus in dem Eifeldorf Langenbroich. Posthum erscheint sein Roman ›Frauen vor Flußlandschaft‹.

Bibliografie

1. Werk- und Einzelausgaben

Werke. Romane und Erzählungen. 5 Bd. Hg. von Bernd Balzer. Köln: Kiepenheuer & Witsch, 1977.

Essayistische Schriften und Reden – Hörspiele – Interviews I. 5 Bde. Hg. von Bernd Balzer. Köln: Kiepenheuer & Witsch, 1979.

Das Vermächtnis. Erzählung. Bornheim: Lamuv, 1982.

Die Verwundung und andere Erzählungen. Bornheim: Lamuv, 1983.

Werke. Romane und Erzählungen. 4 Bde. Hg. von Bernd Balzer. Köln: Kiepenheuer & Witsch, 1987.

Der Engel schwieg. Köln: Kiepenheuer & Witsch, 1992.

Der blasse Hund. Erzählungen. Köln: Kiepenheuer & Witsch, 1985.

Die Hoffnung ist wie ein wildes Tier. Briefwechsel mit Ada Kunz. Köln: Kiepenheuer & Witsch, 1994.

Erzählungen 1937–1983. 4 Bde. Hg. Von Viktor Böll u. Karl Heiner Busse. Köln: Kiepenheuer & Witsch, 1997.

Briefe aus dem Krieg 1939–1945. 2 Bde. Köln: Kiepenheuer & Witsch, 2001.

Heinrich Böll: Werke. Kölner Ausgabe. 26 Bände und ein Registerband. Köln: Kiepenheuer & Witsch, 2002 ff. (Kommentierte Ausgabe; erscheint mit jährlich drei Bänden ab 2002.)

2. Bibliografien

Der Schriftsteller Heinrich Böll. Ein biographisch-bibliographischer Abriß. Herausgegeben von Werner Lenging. München: dtv, 1968 ff.

Bellmann; Werner (Hrsg): Das Werk Heinrich Bölls. Bibliographie mit Studien zum Frühwerk. Opladen: Westdeutscher Verlag, 1995.

Fortschreibung. Bibliographie zum Werk Heinrich Bölls. Hg. von Viktor Böll und Markus Schäfer. Köln: Kiepenheuer & Witsch, 1997.

3. Weiterführende Literatur

Balzer, Bernd: Das literarische Werk Heinrich Bölls. Einführung und Kommentare. München: Deutscher Taschenbuch Verlag, 1997 (dtv, 30650).

Balzer, Bernd (Hrsg.): Heinrich Böll. 1917–1985. Zum 75. Geburtstag. Bern/Berlin u. a.: Peter Lang, 1992 (Memoria).

Bernáth, Árpád (Hrsg.): Geschichte und Melancholie. Über Heinrich Bölls Roman Frauen vor Flußlandschaft. Köln: Kiepenheuer & Witsch, 1995.

Bernhard, Hans Joachim: Die Romane Heinrich Bölls. Gesellschaftskritik und Gemeinschaftsutopie. Berlin: Rütten & Loening, 1970.

Bernsmeier, Helmut: Heinrich Böll. Stuttgart: Philipp Reclam jun., 1997 (Literaturwissen für Schule und Studium, RUB 15211)

Beth, Hanno (Hrsg.): Heinrich Böll. Eine Einführung in das Gesamtwerk in Einzelinterpretationen. 2. überarb. u. erw. Aufl., Scriptor: Königstein/Ts., 1980 (Darin: Aufsätze u. a. von B. Balzer, H. Beth, J. Vogt, H. Glaser, Harry Pross).

Hoffmann, Gabriele: Heinrich Böll. Bornheim-Merten: Lamuv Verlag, 1986.

Reid, James H.: Heinrich Böll. Ein Zeuge seiner Zeit. München: Deutscher Taschenbuch Verlag, 1991 (dtv, 4533).

Sowinski, Bernhard: Heinrich Böll. Stuttgart: Metzler, 1993 (Slg. Metzler, 272).

Vogt, Jochen: Heinrich Böll. 2., neubearb. Aufl., München: C. H. Beck, 1987 (Beck'sche Reihe, 602 – Autorenbücher).

Schröter, Klaus: Heinrich Böll mit Selbstzeugnissen und Bilddokumenten. Reinbek bei Hamburg: Rowohlt Verlag, 1982 (rowohlts monographien, 310).

Text und Kritik. Zeitschrift für Literatur. Hrsg. v. Heinz Ludwig Arnold. Heinrich Böll. 3. Aufl.: Neufassung, Text + Kritik, 1982 (Heft 33).

Vormweg, Heinrich: Der andere Deutsche. Heinrich Böll. Eine Biographie. Köln: Kiepenheuer & Witsch, 2000.

Register

Adenauer, Konrad 16, 19, 90, 94, 98, 106
Adorf, Mario 155
Adorno, Theodor W. 115 f.
Aichinger, Ilse 77
Albertz, Heinrich 157, 159
Amery, Carl 103
Andersch, Alfred 55, 66 f., 75 f., 78, 84, 87, 109
Augstein, Rudolf 138, 152, 154
Baader, Andreas 136, 140 f., 158
Bachmann, Josef 114
Balzac, Honoré de 28
Barzel, Rainer 121, 172
Bastian, Gerd 178
Bausch, Hermann 98
Behan, Brendan 93
Bender, Hans 70, 77
Bernanos, Georges 24
Bertram, Ernst 30, 75
Beumelburg, Werner 33
Biermann, Wolf 158
Binding, Rudolf Georg 33
Birger, Boris 130
Bloy, Léon 24–27, 29 f., 80 f.
Boenisch, Peter 163, 174, 178
Böll, Alfred 9, 11, 22, 31, 46
Böll, Alois 10
Böll, Alois (Bruder Heinrich Bölls) 9, 11, 22, 28, 37, 46
Böll, Annemarie (geb. Cech) 33 f., 38, 41 f., 46, 55, 59 f., 63, 69, 84, 85, 93 f., 105, 118, 127 f., 130, 132, 134, 142, 147, 156 f., 159, 161, 166, 168 f., 174, 177 f.
Böll, Carmen-Alicia 168
Böll, Christoph Paul 37, 45
Böll, Engelbert 8
Böll, Gertrud 9, 46
Böll, Grete 8
Böll, Katharina (geb. Gießen) 7 ff.
Böll, Lila 147
Böll, Maria (geb. Hermanns) 9
Böll, Maria (Frau von Alois Böll) 37, 46
Böll, Mechthild (aus zweiter Ehe Viktor Bölls) 9, 33, 40, 42, 46 f., 85
Böll, Mechthild (aus erster Ehe Viktor Bölls) 8
Böll, Raimund 51, 95, 105, 146 f., 149 f., 174
Böll, René 59, 95, 118 f., 163, 168 ff.
Böll, Samay 180
Böll, Teresa 168
Böll, Theodor 10
Böll, Viktor (Neffe) 95, 100
Böll, Viktor (Vater) 7-10, 14, 16, 28, 46, 85
Böll, Vincent 69, 95, 142, 168
Borchert, Wolfgang 64
Born, Nicolas 77
Brandt, Willy 106, 120, 122, 126, 131, 133, 141, 143, 161 f., 172
Breschnew, Leonid 150
Brinkmann, Rolf Dieter 77
Broch, Hermann 23
Brües, Otto 75

Brüning, Heinrich 15, 17
Buback, Siegfried 158
Büch, Günther 155
Burger, Norbert 174
Burgmüller, Herbert 56, 61
Carl-Gustav, Kronprinz von Schweden 142
Casdorff, Claus Hinrich 128
Cech, Eduard 38 f.
Cech, Paul 38
Cech, Stephanie (geb. Hagen) 38
Chesterton, Gilbert Keith 27, 30
Cicelli, Kay 84
Dawson-Scott, Catharine Amy 129
Defregger, Matthias 122, 126 f.
Dickens, Charles 28
Dirks, Walter 51 f.
Döblin, Alfred 54
Dostojewski, Fjodor Michajlowitsch, 28, 30
Drenkmann, Günter von 156 f.
Dufhues, Josef-Hermann 101
DuMont, Reinold Neven 159, 168, 170
Dutschke, Rudi 114 f.
Eberhard, Fritz 98
Eich, Günter 77
Eisenhower, Dwight D. 89
Emmanuel, Pierre 136
Engel, Josef 20
Engelmann, Bernt 154
Ensslin, Gudrun 158
Enzensberger, Hans Magnus 161
Eppler, Erhard 171
Erhard, Ludwig 101, 106, 108
Erler, Fritz 108
Fassbinder, Rainer Werner 165
Feuchtwanger, Lion 22
Frings, Joseph 98
Fromm, Ulrich 140
Genscher, Hans Dietrich 141
Gießen, Engelbert 7
Globke, Hans 90
Göbel, Wolfgang 158
Goldstücker, Eduard 87
Gollwitzer, Helmut 159 ff.
Göring, Hermann 21
Grass, Günter 99, 109, 120 f., 125 f., 140, 142 f., 158 f., 161, 180
Griem, Helmut 105
Grohé, Josef 19
Groll, Gunter 56, 62
Grosche, Robert 24f.
Guggenheimer, W. M. 68
Habe, Heinz 139
Haecker, Theodor 23
Hagelstange, Rudolf 87
Hagen, Maria (geb. Imdahl) 39
Hagen, Paul 39
Hamacher, Hermann 20
Hardt, Claus 56
Hauptmann, Moritz 52, 54, 56, 61, 68, 78
Heinemann, Gustav 120, 128, 141
Heinemann, Hilda 141
Heinen, Paul 22, 24 f.
Heiss, Robert 30
Heissenbüttel, Helmut 84
Henneke, Hans 56
Herlyn, Heinrich 146
Hesse, Hermann 30
Heuss, Theodor 122
Hildesheimer, Wolfgang 77
Hindenburg, Paul von 7, 16 ff.
Hitler, Adolf 15 ff., 19, 21, 23, 89
Hochhuth, Rolf 103
Höfer, Werner 59
Hoff, Kay 70
Hoffmeister, Reinhard 120 f.
Hölderlin, Friedrich 28
Homer 30
Hönscheid, Johannes M. 70

Horné, Alfred 97
Horsch, Heinrich 20
Isemann, Kurt 42
Jahn, Jahnheinz 70, 76
Jens, Walter 77, 115
Johnson, Uwe 99
Judson, William 157
Jünger, Ernst 33
Jungk, Robert 171
Kalow, Gert 70
Kästner, Erich 23
Kaun, Axel 48, 55-57, 62, 67
Kelly, Petra 171 f., 178
Kerr, Judith 157
Kiesinger, Kurt Georg 111
Kleist, Heinrich von 28
Kluge, Alexander 165
Kneip, Jakob 75
Kogon, Eugen 115
Kohl, Helmut 174
Kolbenhoff, Walter 76 f.
Kolping, Adolf 8 f.
Kopelew, Lew 130, 170
Korn, Karl 133, 169
Kosta, Tomas 158
Kristofferson, Kris 155
Kroll, Joseph 30
Kuby, Erich 55
Kunz, Ernst-Adolf 45, 47 f., 51, 54, 64, 68, 72, 80
Kunz, Guni 80
Kurras, Karl-Heinz 113
Lang, Jack 177
Lattmann, Dieter, 122 ff., 126
Le Fort, Gertrud von 23
Legat, Konrad 54
Lempertz, Matthias 28, 30
Lenz, Hermann 65
Limberg, Margarete 179
London, Jack 18
Löwenthal, Gerhard 139
Ludendorff, Erich 7
Maihofer, Werner 159
Mandl, Thomas 105
Mandlová, Jaroslava 105
Mann, Golo 115
Mann, Heinrich 22
Mann, Thomas 122
Markard, Caspar 24
Mauriac, François 24
Meinhof, Ulrike 136, 139 ff., 152
Meins, Holger 140, 156
Middelhauve, Friedrich 69 f., 85
Middelhauve, Waltraud 75
Minssen 76
Mitscherlich, Alexander 115
Moritz, Matthias Josef 20
Musil, Robert 23
Muth, Carl, 23
Naumann, Johann Wilhelm 50
Nipperdey, Thomas 23
O'Casey, Sean 93
Ohnesorg, Benno 113
Orlowa, Raissa 130, 170
Pahlawi, Reza 113
Papen, Franz von 15, 17
Paquet, Alfons 75
Péguy, Charles 24
Peschler, Eric A. 63, 66
Planitz, Frank Ulrich 139
Polls, Wilhelm 9
Ponto, Jürgen 158
Ramseger, Georg 101
Ranke-Heinemann, Uta 171
Raspe, Jan-Carl 140, 158
Reding, Josef 70
Reich-Ranicki, Marcel 118, 161, 167, 169 f.
Richter, Hans Werner 55, 62, 67, 76, 78 f., 83, 91, 108
Rilke, Rainer Maria 30
Rinser, Luise 87
Rohlinger, Rudolf 128
Röhm, Ernst 18
Rühmkorf, Peter 137
Sacharow, Andrej 130 f.
Sartre, Jean-Paul 87
Schaaf, Paul 64–68, 70

Schallück, Paul 70, 75, 77
Scharf, Kurt 160
Scheel, Walter 122
Schiller, Margit 147
Schirach, Baldur von 20
Schlegel, Friedrich 75
Schleicher, Kurt von 15, 17
Schleyer, Hanns-Martin 158 ff., 165
Schleyer, Hanns-Eberhard 165 f.
Schlöndorff, Volker 154 f., 157, 165
Schmidt, Helmut 161, 172, 180
Schnabel, Ernst 84
Schneider, Artur 30
Schneider, Reinhold 23, 28
Schröder, Knut Freiherr von 17
Schuh, Alois 59
Schütte, Wolfram 167
Scszesny, Gerhard 91
Seneca 30
Solschenizyn, Alexander 130 f., 148 f.
Sophokles 165
Spangenberg, Walter 20
Spender, Stephen 63
Sperber, Manès 157
Spranger, Carl-Dieter 160
Springer, Axel Cäsar 154, 169
Staeck, Klaus 137, 170
Steguweit, Heinz 75
Stern, Carola 158
Sternberger, Dolf 130
Stifter, Adalbert 28
Strauß, Franz Josef 98, 143, 165
Sturm, Vilma 178
Teusch, Joseph 12, 13
Trakl, Georg 18, 28
Trotta, Margarethe von 154 f.
Tucholsky, Kurt 23
Ulanowski 20
Unseld, Siegfried 116
Walden, Matthias 156 f., 159
Wallraff, Günter 77, 159
Wäser, Otto 20
Wästberg, Per 137
Weber, Gottfried 30
Weizsäcker, Richard von 179
Wellershoff, Dieter 77, 134, 166
Wiechert, Ernst 40 f.
Willms, Bernhard 20
Winkler, Angela 155
Winterberg, Winand 20
Witsch, Joseph Caspar 78 f., 84, 99
Xenophon 18, 21
Zänker, Georg 63, 65, 72, 75
Zweig, Arnold 23

Bildnachweis

Axel Springer Verlag, Berlin 37 / ›Bild‹, Hamburg 50 / Bildarchiv Siegfried Pater 2, 3, 4, 5, 11, 13, 14, 17, 19 (Hans E. Lenz, Köln), 20, 30, 32, 40, 45, 46, 48, 62, 63, 68 / Michael Bengel 6 / Jürgen Christ 60 / ›dafür‹ (Sozialdemokratische Wählerinitiative), Bonn 43 / Deutsche Presseagentur, Frankfurt/M. 38, 66 / dtv 56 (Celestino Piatti) / Friedrich Ebert Stiftung, Bonn 37 / M. Gundt, Osnabrück 12 / Heinz Held 52 / ›Hochland‹, München 10 / Kiepenheuer & Witsch, Köln 16 (Rudolf Linn), 26 (Kalle Giese), 27 (Werner Labbé), 28 (Martin Kausche), 31 (Hannes Jähn), 33 (Werner Labbé), 47, 54 (beide Hannes Jähn) / Barbara Klemm 36 / Alfred Koch 64 / Gunhild Kunz 29 / Lamuv-Verlag, Köln 61, 65 (beide Klaus Staeck) / ›Literarische Revue‹, München 18 / Reinhold Meier 1 / Middelhauve Verlag, Opladen 21, 22 (Karl Staudinger) / Hilmar Pabel/ Bildarchiv Stiftung Preußischer Kulturbesitz, Berlin 42 / August Sander/Rheinisches Bildarchiv, Köln 9 / Harry Schumacher 44 / ›Der Spiegel‹, Hamburg 35, 55 / Ingeborg Spielmanns 34 / ›Stern‹, Hamburg 58 / Tagesspiegel, Berlin 59 / ›Die Welt‹, Berlin 57 / Westdeutscher Beobachter, Köln 7, 8

dtv portrait

Herausgegeben von Martin Sulzer-Reichel
Originalausgaben

Biographien bedeutender Frauen und Männer aus Geschichte, Literatur, Philosophie, Kunst und Musik